Klaus Pawlowski

Du hast gut reden!

Ein Spiel- und Trainingsbuch zur praktischen Rhetorik

Unter Mitarbeit von Gudrun Andres-Steinke

Mit 32 Abbildungen und 10 Tabellen

Ernst Reinhardt Verlag München Basel

Dr. phil. Klaus Pawlowski, Akademischer Oberrat i.R., leitete den Arbeitsbereich Sprecherziehung an der Universität Göttingen, ist als Referent in den Bereichen Wirtschaft, Verwaltung und Medien tätig.
Von dem Autor außerdem im Ernst Reinhardt Verlag lieferbar:
Pawlowski, K.: Konstruktiv Gespräche führen. 4., aktualisierte Auflage 2005.
ISBN 978-3-497-01780-5

Bibliografische Information der Deutschen Nationalbibliothek

Die Deutsche Nationalbibliothek verzeichnet diese Publikation in der Deutschen Nationalbibliografie; detaillierte bibliografische Daten sind im Internet über <http://dnb.d-nb.de> abrufbar.

ISBN 978-3-497-02524-4 (Print)
ISBN 978-3-497-60208-7 (E-Book)

Printed in Germany
Covermotiv: © Mint Foto – Fotolia.com
Satz: SatzBild, Weisgerber

Ernst Reinhardt Verlag, Kemnatenstr. 46, D-80639 München
Net: www.reinhardt-verlag.de E-Mail: info@reinhardt-verlag.de

reinhardt

Inhalt

Vorwort

Dieses Buch ist ein Buch zur angewandten Rhetorik. Die Theorie der Rhetorik wird im Zusammenhang mit den entsprechenden Übungen vermittelt. Wer sich allerdings zum ersten Mal mit Rhetorik beschäftigt, könnte auch mit Kapitel 4 beginnen und sich ein bisschen Vorwissen anlesen, bevor er in den Praxisteil einsteigt.

Dieses Buch soll durch spielerische Übungen rhetorische Kenntnisse und rhetorische Fertigkeiten vermitteln. Es soll Coaches, Seminarleitern, Lehrern die Arbeit erleichtern.

Es eignet sich aber auch zum Selbststudium für Menschen, die in ihrer Freizeit, in ihrem Beruf, bei ihrer ehrenamtlichen Tätigkeit reden müssen und das gerne besser können möchten.

„Besser" heißt sicherer, verständlicher, wirkungsvoller. Viele Spiele und Übungen eignen sich für das individuelle Training zu Hause. Für andere braucht man, wie auch beim Reden, eine Gruppe. Die Spiele und Übungen sind in 20 Bausteine gegliedert, aus denen jeder einzelne oder jede Gruppe sich ihr spezielles Übungsprogramm zusammensetzen kann. Hinweise für eine sinnvolle Verknüpfung sollen dabei helfen. Für Seminarleiter, Lehrer und Coaches geben wir methodische Hinweise als Tipp.

Die Bausteine sind wie folgt aufgebaut:

1. Bezeichnung des Bausteins
2. Methodische Hinweise zur Anwendung und Verknüpfung des Bausteins (nicht durchgängig)
3. Zur Sache: einführende Theorie
4. Trainingsformen: Übungen, Spiele, Arbeitsvorschläge
5. Rhetorische Erkenntnisse: Aus den Übungen ergeben sich Regeln, Merksätze, die jeder in die eigene Redepraxis mitnehmen kann.

Dieses Buch soll Spaß machen. Es soll dazu beitragen, dass auch das Reden vor anderen Spaß machen kann.
Und mir hat das Schreiben Spaß gemacht. Auch, weil ich mit dieser Arbeit nicht alleine war.

Bedanken möchte ich mich bei Uschi Siemon für die Digitalisierung der Texte, bei meinem Sohn Peter für die Hilfe bei der Auswahl der Fotos und für deren Bearbeitung, ihm und Ralf Kresin für die Kreation und die grafische Umsetzung der „ungewöhnlichen Erfindungen“ für Baustein 19. Vielen Dank sage ich auch meinen beiden Lektorinnen vom Ernst Reinhard Verlag, Ulrike Landersdorfer und Anne-Kathrein Schiffer, die uns so verständnisvoll und kompetent begleitet haben. Danke sagen möchte ich vor allem Gudrun Andres-Steinke für die großartige Zusammenarbeit bei der inhaltlichen Gestaltung dieses Buches.

Klaus Pawlowski — Göttingen 2015

Kapitel 1 Vorübungen

1. Baustein

Wie sag ich's? – Feedbackregeln

TIPP

Wer in einem Redeseminar oder einem Redecoaching „das Wort hatte", erwartet hinterher ein Feedback. Aber nur ein konstruktives Feedback ist die Voraussetzung dafür, dass der nächste Redeauftritt noch besser ankommt. Aber ein konstruktives Feedback geben will gelernt sein. Es ist die Grundlage jedes Redeseminars und jedes Coachings.

Zur Sache

Der Psychologe und Kommunikationswissenschaftler Friedemann Schulz von Thun hat Regeln für ein angemessenes Feedback aufgestellt:

Feedback-Geben	**Feedback-Nehmen**
Ich-Botschaften	ausdrücklich Feedback wünschen
subjektive Gefühle und Wahrnehmungen ohne Wertung	keine Verteidigungshaltung, nicht unterbrechen
konstruktiv, von den Stärken ausgehend	keine spontanen Rechtfertigungen und Erklärungen
genau und konkret, sachlich richtig	um Konkretisierung bitten
verständlich, nicht zu viel auf einmal	bei Unklarheit paraphrasieren, nachfragen
Änderbares nennen	Rückmeldung, ob Feedback brauchbar

Diese Regeln für ein konstruktives Feedback sollten zu Beginn eines Seminars besprochen und dann für alle sichtbar im Seminarraum aufgehängt werden.

Wer das genauer nachlesen möchte: Schulz von Thun, F. 1996, 76–90.

2. Baustein

Wer mit wem worüber? – Die Sprechsituation

TIPP

Viele Autoren praktischer Rhetorikbücher tun so, als sei mit dem Beherrschen bestimmter Strategien (z.B. Gliederungsmuster, Frage-Argumentationstechnik, Prinzipien wirkungsbezogener Wortwahl) der Erfolg in konkreten Sprechsituationen sicher. In diesem Buch arbeiten wir nach dem Grundsatz: Jede Strategie ist so gut, wie es die Situation zulässt. Der 2. Baustein soll diesen Zusammenhang bewusst machen.

Zur Sache

Jeder Versuch, einen anderen zu einer Handlung zu bewegen, unterliegt den Bedingungen der Situation.

Das heißt: Das, was ich sage und wie ich es sage, richtet sich nach dem Partner, meinen Motiven und Zielen, dem Gegenstand, über den ich rede und den äußeren Umständen, die ich eventuell verändern kann, um zum Ziel zu gelangen. Dazu hat Harold Lasswell die folgende Formel entwickelt:

WER? zu WEM ? WORÜBER ? WARUM ? WOZU ? WANN ? WO ?

WAS? WIE (Grundhaltung, Sprechausdruck, Kleidung)?

Wenn Sie also	WER?
Ihren besten Freund	zu WEM?
um 50 EURO anpumpen wollen,	WOZU?
weil Sie vergessen haben, Geld abzuheben,	WARUM?

und das morgens — WANN?
in der U-Bahn, — WO?
werden Sie für bestimmte Inhalte (z. B. Argumente), — Was?
bestimmte Wörter und Sätze wählen und sie auf eine bestimmte Art sprechen. — Wie?

Aber Sie werden sich anders ausdrücken, wenn Sie an Ihre Kollegin die gleiche Bitte richten, und zwar in der Mittagspause in der Kantine.

Wichtige rhetorische Tugend: Situationsangemessenheit!

Sehen wir uns die Lasswell'sche Formel etwas genauer an:

WER

- bin ich? Welche Position (Rolle) habe ich (im Verhältnis zu meinem Partner)? Das ist die soziologische Ebene unserer Beziehung.

- Wie erlebe ich meinen Partner?
  - dominant – submissiv?
  - sympathisch – weniger sympathisch?
  - distanziert – nah?

  Das ist die sozialpsychologische Ebene.

zu Wem?

- Wer ist der andere? Welche Position (Rolle) hat mein Partner?
- Wie mag er mich erleben?
- Wie denkt, fühlt, handelt er im Allgemeinen?

WORÜBER?

- Wie ist meine, wie ist seine Einstellung im Hinblick auf das, was zur Diskussion steht?

WARUM? WOZU?

- Lassen sich meine Interessen und Ziele mit seinen Interessen und Zielen vereinbaren?

WANN?

- Ist es der richtige Zeitpunkt?

WO?

- Ist es der angemessene ORT?

Ich mache mir also ein Bild von ihm und den (möglichen) äußeren Bedingungen und überlege dann: WAS sage ich? WIE sage ich es? Etwas genauer:

WAS?

- Welchen Inhalten mag er zustimmen? Welchen nicht?
- Also: Welche Inhalte aus der Menge aller mir zur Verfügung stehenden Inhalte bringe ich vor?

WIE?

- Welche Kenntnisse besitzt er? Welche sprachlichen Voraussetzungen hat er?
- Also: Welche Stilebene wähle ich, welche Satzkonstruktionen, welche Wörter und Wortverknüpfungen? Welche Vergleiche oder Beispiele?
- Wie spreche ich zu ihm? Freundlich oder aggressiv, ernst, eindringlich, locker?
- Zusätzlich: Muss ich eventuell mein Argumentationsziel reduzieren? Sollte ich einen anderen Ort, eine geeignetere Zeit wählen?

Das, was ich vor einem Gespräch (einer Rede) kalkulieren kann, nennen wir „äußere Situation". Je mehr wir vom Partner wissen, desto genauer können wir diese äußere Situation bestimmen, desto besser können wir uns auf ein Gespräch vorbereiten. Haben wir nur geringe Vorkenntnisse, kann sich die Beziehung zwischen uns und unserem Partner erst im Gespräch (in der „inneren Situation") entwickeln, können wir die Voraussetzungen, die der Partner mitbringt, erst aus seinen unmittelbaren Aktionen und Reaktionen erschließen.

Aber wie gesagt: Den „Rahmen" für ein Gespräch oder eine Rede können Sie häufig selbst bestimmen. Wenn das so ist, sorgen Sie dafür, dass diese „äußere Situation" geeignet dafür ist, dass Sie Ihre Ziele erreichen.

Ist die Kantine wirklich der passende Ort, um jemanden anzupumpen?

Wenn Sie eine Rede halten müssen, sorgen Sie dafür, dass Ihr „Arbeitsplatz" optimale Voraussetzungen für einen guten Redeauftritt bietet (Raumgröße, Sitzordnung, Pult(-höhe), Mikrofon).

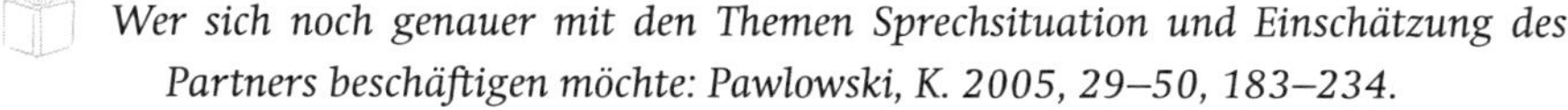

Wer sich noch genauer mit den Themen Sprechsituation und Einschätzung des Partners beschäftigen möchte: Pawlowski, K. 2005, 29–50, 183–234.

Trainingsformen

Das Situationsspiel

Zu jedem Situationsmerkmal werden Karten hergestellt:

- 24–30 Karten mit Personenangaben, z.B. ein alter Mann – ein Lehrer – eine Hausfrau – ich,
- 12–15 Karten mit Gesprächsgegenständen und den damit verbundenen Zielen, z.B. früher aufstehen – in einen Verein eintreten – ein altes Auto kaufen – Sport treiben,
- 12–15 Karten mit Ortsangaben, z.B. in der Bahn – im Urlaubsort – beim Essen,
- 12–15 Karten mit Zeitangaben, morgens um acht – im Winter – vor dem Schlafengehen.

Für die Gründe gibt es keine Karten, sonst wird es zu schwer. Diese (eventuell unterschiedlich farbigen) Karten liegen auf getrennten Häufchen. Die Spieler ziehen je eine Karte von einem Häufchen und haben so eine Situationsvorlage:

- Wer spricht zu wem?
- Worüber mit welchem Ziel?
- Wann?
- Wo?

Die Gründe (warum?) kann jeder selbst finden.

Bei den Personenkarten gilt die als erste gezogene für den Sprecher, die zweite für den fiktiven Hörer. Jeder Sprecher muss nun eine angemessene Aussage finden.

Rhetorische Erkenntnisse
Aus den Bedingungen der Sprechsituation ergibt sich, was ich sage und wie ich es sage.

Die folgende Geschichte von Kurt Tucholsky ist die Grundlage für ein weiteres Situationsspiel.

BEISPIEL

Der Floh

Im Departement du Gard – ganz richtig, da, wo Nîmes liegt und der Pont du Gard: im südlichen Frankreich – da saß in einem Postbüro ein älteres Fräulein als Beamtin, die hatte eine böse Angewohnheit: Sie machte ein bisschen die Briefe auf und las sie. Das wusste alle Welt. Aber wie das so in Frankreich geht: Concierge, Telefon und Post, das sind geheiligte Institutionen, und daran kann man schon rühren, aber daran darf man nicht rühren, und so tut es denn auch keiner. Das Fräulein also las die Briefe und bereitete mit ihren Indiskretionen den Leuten manchen Kummer.

Im Departement wohnte auf einem schönen Schlosse ein kluger Graf. Grafen sind manchmal klug, in Frankreich. Und dieser Graf tat eines Tages Folgendes: Er bestellte sich einen Gerichtsvollzieher auf das Schloss und schrieb in seiner Gegenwart an einen Freund:

Lieber Freund!

Da ich weiß, dass das Postfräulein Emilie Dupont dauernd unsre Briefe öffnet und sie liest, weil sie vor lauter Neugier platzt, so sende ich Dir anliegend, um ihr einmal das Handwerk zu legen, einen lebendigen Floh.

Mit vielen schönen Grüßen Graf Koks.

Und diesen Brief verschloss er in Gegenwart des Gerichtsvollziehers. Er legte aber keinen Floh hinein. Als der Brief ankam, war einer drin.

Aus: K. Tucholsky (1952): Zwischen gestern und morgen, 41, Rowohlt, Hamburg.

Erzählen Sie diese Geschichte

- als Graf
  - den Freunden,
  - einer Urlaubsbekanntschaft;
- als Fräulein Dupont
  - einer intimen Freundin,
  - dem Vorgesetzten;
- als Gerichtsvollzieher / Notar
  - der Ehefrau,
  - am Stammtisch;
- als missgünstiger Bekannter des Grafen
  - dessen Frau;

- als „Freundin“ des Fräuleins
  - beim Kaffeeklatsch.

Rhetorische Erkenntnisse
Auch die Darstellung nachprüfbarer Fakten wird durch die Sichtweise des Sprechers bestimmt. Der überlegt sich:

- Welche Details bringe ich, welche verschweige ich? Welche hebe ich hervor, welche bringe ich nur beiläufig?
- Was sage ich zuerst, was erst ganz zum Schluss?
- Welche Wörter wähle ich, welche Bilder, welche Beispiele, welche sonstigen stilistischen Mittel?
- Wie berichte ich es: sachlich, engagiert, ärgerlich, belustigt?

3. Baustein

Wer fragt, der führt! – Fragestrategien

TIPP

Die Bedeutung der Frage als rhetorisches Mittel wird oft unterschätzt. Gerade in kritischen Situationen kann man sich mit Fragen eher „Luft schaffen“ als durch Gegenmaßnahmen. Jedes Argumentationstraining sollte mit einer Einheit „Fragen“ beginnen.

Zur Sache

Wenn Sie eine Frage stellen, wollen Sie im Allgemeinen eine Information einholen, über die Sie nicht verfügen.

- Durch Fragen können Sie Personen (besser) kennenlernen.
- Durch Fragen gewinnen Sie Kenntnisse über Gegenstände, Sachverhalte, Vorgänge.
- Durch Fragen können Sie den anderen dazu veranlassen, seine Meinung, seine Handlung, seine Pläne zu begründen.
- Durch Fragen, besonders durch gezieltes Nachfragen, können Sie aber auch

einen anderen in seiner Meinung oft eher verunsichern als durch die (aus Ihrer Sicht) vernünftigsten Argumente.

BEISPIEL

Schwierige Kaufentscheidung

Er: *Ich werde mir ein E-Bike kaufen.*
Sie: Warum das?
Er: *Na, mit meinem normalen Fahrrad fahr ich ja nicht in die Stadt runter. Das ist mir einfach zu mühsam zurück den Berg wieder hoch.*
Sie: Und Du meinst, Du würdest so ein Elektrofahrrad wirklich entsprechend nutzen?
Er: *Ich denke schon.*
Sie: Auch im Winter?
Er: *Na ja, wenn Eis und Schnee liegt ...*
Sie: Und bei Regen und Sturm ... Sind diese E-Bikes denn wirklich ausgereift?
Er: *Einige schon. Ich habe da einen Testbericht gelesen.*
Sie: Und diese wirklich guten ... Was musst Du dafür hinblättern?
Er: *Na ja, unter 2500 Euro geht da wohl nichts.*
Sie: Und woher willst Du im Augenblick diese 2500 nehmen?
Er: *Tja, mal sehen. Ein Kredit oder so. Ich krieg's schon irgendwie zusammen.*
Sie: Und wenn Du dann Dein teures Schmuckstück hast ... Wie willst Du das sichern?
Er: *Wieso sichern?*
Sie: Na, wenn Du in die Stadt fährst. Hast Du nicht gelesen, dass diese Dinger besonders gern geklaut werden?
Er: *Also, da wird es ja irgendwas geben, was die diebstahlsicher macht. Aber ich könnte wirklich jede Menge Parkgebühren sparen mit so einem E-Bike.*
Sie: Hast Du mal ausgerechnet, wie viel Mal Du für 2500 Euro parken kannst?
Er: *Na ja.*
Sie: Und für geklaute 2500 Euro?

Eine Frage ist also häufig der beste Schlüssel für die Tür, durch die Sie eintreten möchten.

Eine besondere Art, mit Fragen den Partner zu steuern, finden wir in den Platonischen Dialogen, z. B. im Dialog „Gorgias“:

BEISPIEL

Sokrates: Wohlan denn, da du behauptest, in der Redekunst ein Meister zu sein und auch einen andern zum Redner machen zu können, auf welches denn unter allen Dingen bezieht sich die Redekunst? So wie z.B. die Weberei auf Verfertigung der Gewänder, nicht wahr?

Gorgias: *Ja.*

Sokrates: Bei der Hera, Gorgias, ich habe meine Freude an deinen Antworten, weil du wirklich antwortest so kurz als nur möglich.

Gorgias: *Das denke ich, Sokrates, auch gehörig zu tun.*

Sokrates: Wohl gesprochen. Antworte mir nun auch ebenso wegen der Redekunst, auf welches unter allen Dingen bezieht sie sich als Wissenschaft?

Gorgias: *Auf Reden.*

Sokrates: Auf was für Reden aber, Gorgias? Etwa auf die, welche den Kranken erklären, bei welcher Lebensweise sie genesen könnten?

Gorgias: *Nein.*

Sokrates: Also doch nicht auf alle Reden bezieht sich die Redekunst?

Gorgias: *Freilich nicht.*

Sokrates: Aber doch macht sie tüchtig zum Reden.

Gorgias: *Ja.*

Sokrates: Nicht auch, worüber zu reden, darüber ebenfalls richtig zu urteilen?

Gorgias: *Wie anders?*

Sokrates: Macht nicht auch die eben angeführte Heilkunst tüchtig, über Kranke sowohl richtig zu urteilen als auch zu reden?

Gorgias: *Gewiss.*

Sokrates: Auch die Heilkunst also, wie es scheint, bezieht sich auf Reden?

Gorgias: *Ja.*

Sokrates: Nämlich auf die über Krankheiten?

Gorgias: *Allerdings.*

Sokrates: Bezieht sich nun nicht auch die Turnkunst auf Reden, nämlich auf die über den guten oder schlechten Zustand des Leibes?

Gorgias: *Freilich.*

Sokrates: Und gewiss auch mit den übrigen Künsten, o Gorgias, verhält es sich so: jede hat es mit denjenigen Reden zu tun, welche sich auf den Gegenstand beziehen, wovon sie die Kunst ist.

Gorgias: *Offenbar.*

Sokrates: Wie also nennst du nicht auch die übrigen Künste Redekünste, da sie es doch auch mit Reden zu tun haben, wenn du diejenige die Redekunst nennen willst, welche es mit Reden zu tun hat?

Aus: Platon: Gorgias oder Über die Beredsamkeit. 4.1 Die Rhetorik hat ihr Vollbringen im Reden. In der Bearbeitung der Schleimacherschen Übersetzung, Reclam, Stuttgart 1973, S. 50–52

Sokrates fragt nicht, weil er etwas nicht weiß. Er fragt, weil er den anderen zu einer Erkenntnis führen will, die er selbst schon hat. Durch die Art seiner Fragen engt er die Antwortmöglichkeiten des anderen extrem ein. Es bleibt Gorgias gar nichts anderes übrig, als gerade diese Antwort zu geben. Sonst müsste ein Dritter annehmen, er habe die Frage nicht verstanden oder sei nicht zurechnungsfähig.

Allerdings: Hätten Sie nicht an einigen Stellen anders reagiert als Gorgias? Da stimmen die Folgerungen nicht. Vielleicht finden Sie diese Schwachpunkte auch.

Trainingsformen

Fragetypen durchspielen

Fragespiel 1

Ein Teilnehmer bekommt ein Kärtchen auf den Rücken geheftet. Auf diesem Kärtchen steht der Name einer (berühmten oder allen bekannten) Person. Der „Namensträger“ muss durch Fragen herausbekommen, wer er ist. Gestattet sind nur geschlossene (Entscheidungs-) Fragen, z. B.: „Bin ich über 50?“ oder „Lebe ich noch?“

Überlegen Sie nach dem Spiel, ob es entsprechende Fragestrategien gibt.

Rhetorische Erkenntnisse
Mit geschlossenen Fragen sind nur Alternativen abfragbar. Allerdings gibt es ökonomische Strategien, z.B. vom Allgemeinen zum Besonderen.

Fragespiel 2

Man braucht für dieses Spiel 21 Karten. Auf acht Karten steht „G-Frage" (für geschlossene Frage). Auf zwölf Karten steht je ein Fragewort für eine „offene" Frage (z. B. Wer?, Wie?). Die 21. Karte ist der Joker.

Ein Teilnehmer stellt sich einen Gegenstand, eine bekannte Persönlichkeit oder auch einen Begriff (z. B. Faulheit) vor. Die anderen müssen durch Fragen herausbekommen, was er sich denkt. Das Spiel beginnt damit, dass einer eine Karte zieht. Steht auf dieser Karte „G-Frage", so muss er eine geschlossene stellen, d.h. seine Frage muss so formuliert sein, dass der Befragte mit Ja oder Nein antworten kann. Steht ein Fragewort auf der Karte, muss die Frage mit diesem Fragewort eingeleitet werden. Direkte Fragen nach dem Gegenstand (wer / was ist das?) sind allerdings nicht gestattet. Wer den Joker zieht, kann jede beliebige Frage stellen.

Der Befragte darf nichts Falsches sagen. Erst nach der Antwort wird die nächste Karte gezogen. Das Spiel ist zu Ende, wenn das Gedachte erraten ist oder alle Karten verbraucht sind.

Besprechen Sie nach dem Spiel, welche Vor- und Nachteile für den Frager bzw. für den Befragten auftreten

- bei den offenen Fragen(Ergänzungsfragen),
- bei den geschlossenen Fragen(Entscheidungsfragen).

Rhetorische Erkenntnisse
Diese Tabelle gibt die Vor- und Nachteile der Fragetypen – natürlich nur idealisiert – wieder. Der Befragte kann sich auch der von der Frage geforderten Antwort entziehen (z.B. durch Gegenfragen / Ausweichen) oder die Frage zurückweisen.

Tab. 1: Vor- und Nachteile der Fragetypen

	offene Frage		**geschlossene Frage**	
	+	–	+	–
Frager (A)	Bekommt viel Information; bringt B zum Reden; kann eigene Strategien wählen.	Bekommt viele Informationen, die er nicht braucht, die Zeit kosten; kann durch die Frage selbst kaum steuern.	Bekommt knappe Antworten; bekommt Entscheidungen; kann B auf diese Entscheidungen festlegen; gute Basis für eine anschließende Warum-Frage.	Bekommt wenig Information; kann sich kein ausreichendes Bild von B und seinen Bedürfnissen machen.
Frager (B)	Kann viel sagen, also: optimaler Handlungsspielraum (Aussagen vermeiden / bevorzugen)	Sagt (zu) viel, gibt zu viel preis; weiß nicht, was er aus den möglichen Antworten auswählen soll (was ist strategisch angemessen?)	Hat klaren Antwortrahmen; kann evtl. aus der Frage die erwartete (richtige) Antwort heraushören (z.B. Prüfung).	Hat nur geringen Handlungsspielraum; muss sich festlegen.

Suggestivfrage – Alternativfrage

Das Spiel: Über Hobbies

Ein Teilnehmer wird von vier anderen über seine Hobbies befragt. Die Frager haben ein bestimmtes Kontingent an Fragen zur Verfügung (eventuell in Form von Karten oder Spielmarken, die sie einsetzen können):

- fünf W-Fragen
- fünf Ja-Nein-Fragen („Findest du Skilaufen erholsam?“)

- drei Suggestivfragen („Du findest Skilaufen doch nicht etwa erholsam?")
- drei Alternativfragen („Machst du lieber Langlauf oder Abfahrtslauf?")

Die Frager können zwischen den einzelnen Frageformen frei wählen. Besprechen Sie nach dem Spiel, was die einzelnen Frageformen leisten

- im Hinblick auf den Informationsgewinn,
- im Hinblick auf die Beziehung zwischen Frager und Befragtem,
- im Hinblick auf den Verlauf der Befragung (wann wurde welche Frageform gewählt?).

Rhetorische Erkenntnisse

Es gibt unterschiedliche Formen der geschlossenen Frage:

1. die „Ja-Nein"-Frage,
2. die eingeschränkte „Ja-Nein"-Frage (Suggestivfrage),
   - Die Suggestivfrage legt den anderen auf die gewünschte Antwort fest.
   - Suggestivfragen können eine positive Beziehung herstellen (normadäquates Verhalten unterstellen, Distanz verringern, Wertschätzung vermitteln): „Läufst du nicht auch gern Ski?"
   - Suggestivfragen können aber auch eine negative Beziehung herstellen (Normverstoß unterstellen, den anderen ausschließen, Distanz vergrößern, Geringschätzung vermitteln): „Du kannst wohl auch keinem Sonderangebot widerstehen?"
3. Die Alternativfrage. Alternativfragen geben inhaltliche Entscheidungsmöglichkeiten vor, schränken diese jedoch nach dem Willen des Fragenden ein: „Kaufst Du Bio-Produkte lieber im Öko-Laden oder im Bioregal einer Handelskette?"

Begründungsfragen – Informationsfragen – Definitionsfrage

Das Spiel: „Hearing" oder „Personalbefragung" oder „Auf dem Prüfstand"

Runde 1: Ein Teilnehmer spielt einen Kandidaten für ein politisches Amt. Er wird von drei Journalisten oder auch politischen Gegnern hinsichtlich seiner Pläne „befragt". Einer dieser Pläne steht im Mittelpunkt der Befragung. Es sollte ein großartiger Plan sein, z. B. „Ich werde in meiner Amtszeit dafür sorgen, dass alle Kabinettsmitglieder und alle Abgeordneten nur Kleinwagen fahren dürfen."

In der ersten Runde sollen die „Journalisten“ die unterschiedlichen Frageziele verfolgen:

- Journalist l fragt nach Informationen („Wie wollen Sie das durchsetzen?“)
- Journalist 2 fragt nach Begründungen („Warum wollen Sie das tun?“)
- Journalist 3 fragt nach Begriffserklärungen („Was heißt ‚Kleinwagen’?“)

Jeder Journalist hat fünf Fragen zur Verfügung. Klären Sie nach dieser Runde, was die drei Frageformen leisten.

Andere aufregende politische Pläne:
Beseitigung der Lehrerarbeitslosigkeit durch Umschulung in neue krisensichere Berufe, z. B. Zitronenfalter, Edelzwicker, Sockenhalter.
Abschaffung von Weihnachten.

Alternative: Der Befragte kann auch ein Bundesliga-Trainer, der Manager einer Weltfirma oder auch ein TV- oder Schlagerstar sein.

Runde 2: Der Befragte gibt seine Pläne oder Thesen bekannt. Danach können die Journalisten ihre Vorgehensweise festlegen. Sie haben drei Fragen jedes Typs zur Verfügung. Fragen nach dem Spiel:

- Haben Sie Ihre Strategie ohne Schwierigkeiten durchhalten können?
- Können Sie diese Strategie begründen?
- An welchen Stellen hätten Sie sie ändern wollen?

Rhetorische Erkenntnisse

1. In keine Diskussion eintreten, wenn die Bedeutung oder der Bedeutungsrahmen eines Begriffs unklar sind. Definitionsfragen stellen!
2. Begründungsfragen zwingen zur Rechtfertigung von Meinungen und Handlungen, eröffnen häufig bessere Chancen in einem argumentativen Dialog als sofortige Gegenangriffe.
3. Informationsfragen legen Fakten und Realisierungschancen offen und schaffen gute Voraussetzungen zur Gegenargumentation.

Fragen à la Platon

Der Form nach sind diese „Sokratesfragen“ Suggestivfragen, die das Ziel haben, den Befragten zu einer Erkenntnis zu führen.

Das Sokratesspiel

Vorbereitung in **Kleingruppen** (z. B. Dreiergruppen): Die Gruppen stellen für sich eine These oder eine Forderung auf, die sich möglichst aus der aktuellen Seminarsituation ergibt z. B.: „Wir sollten morgen früh nicht um 8.30 Uhr, sondern um neun Uhr beginnen.“ Oder: „Die Mittagspause sollte mindestens eine Stunde lang sein.“

Die Gruppe entwickelt einen Frageplan: Die Antwort auf jede Frage sollte unausweichlich ein „Ja“ sein, und auch die entscheidende Schlussfrage sollte demnach mit „Ja“ beantwortet werden. Ein Beispiel: „Es sollten mehr Rollenspiele gemacht werden.“ Die Diskussion um Sinn und Unsinn von Rollenspielen gibt es in vielen Seminar-Situationen.

1. Ihr wollt doch, dass Ihr am Ende des Seminars etwas mit nach Hause nehmt? ○ Ja
2. Sollte das nicht etwas sein, das Ihr im Alltag verwenden könnt? ○ Ja
3. Habt Ihr nicht auch die Erfahrung gemacht, dass sich theoretische Lehrsätze nur mühsam in die alltägliche Praxis übertragen lassen? ○ Ja
4. Seid Ihr deshalb nicht auch der Meinung, dass sich Erkenntnisse besser einprägen, wenn man sie aus praktischen Erfahrungen gewinnt? ○ Ja
5. Seid Ihr dann auch dafür, dass wir hier diese praktischen Erfahrungen machen sollten? ○ Ja
6. Könntet Ihr das nicht gut, wenn wir dafür entsprechende Situationen simulieren würden? ○ Ja
7. Seid Ihr nicht auch der Meinung, dass man solche Situationen am besten in Rollenspielen simulieren kann? ○ Ja

Einen solchen Frageplan erproben die Gruppen jeweils mit den übrigen Teilnehmern. Danach werden Schwachstellen herausgearbeitet.

Rhetorische Erkenntnisse
Durch Fragen kann ich die Erkenntnis eines Partners schrittweise in die von mir gewünschte Richtung steuern. Geeignet sind vor allem Suggestivfragen.
Allerdings: Wenn eine Frage nicht zum erwarteten „Ja" führt, bricht dieses kunstvolle Fragengebäude zusammen.

Interviews

Abb. 1: Interview

Einer der Teilnehmer spielt einen Reporter, ein anderer wählt sich eine der abgebildeten Personen. Der Reporter macht ein interessantes (lustiges) Rundfunkinterview.

Sich gegen Fragen wehren

1. Interviews

Einstieg könnte das Interviewspiel mit dem Foto (s. Abb. 1) sein. Der Befragte findet das Interview äußerst lästig, kann es aber nicht einfach abbrechen oder zurückweisen. Er versucht, sich gegen die Fragen zur Wehr zu setzen (eventuell mit Video aufnehmen).

Fragen an alle:

- Welche Strategien hat er verwendet?
- Wie haben sie auf den Interviewer gewirkt?

Modifikation: In einem Durchgang sollten zur Abwehr nur Gegenfragen benutzt werden. Was bringt das?

2. Unangenehme Befragung

Zwei Teilnehmer führen ein Gespräch mit hierarchischer Rollenverteilung, z. B.:

a) der Chef befragt seinen Untergebenen („Wie konnte es dazu kommen, dass die Akte „Schulz" verloren gegangen ist?"),
b) der Untergebene befragt seinen Chef im Auftrag der Kollegen im Hinblick auf eine unverständliche Entscheidung („Wie konnte es dazu kommen, dass der Betriebsausflug …").

Die Befragten sollen versuchen, sich gegen die Fragen zur Wehr zu setzen, dabei aber die Situation und die Folgen bedenken.

Rhetorische Erkenntnisse
Strategien, mit denen Sie sich gegen unangenehme Fragen wehren können:

Tab. 2: Fragestrategien

Strategie	**möglicher Effekt**
1 schroffes Zurückweisen: „Kein Kommentar"	eventuell offener Konflikt
2 „abgefederte" Zurückweisung: „Bitte haben Sie in dieser Situation Verständnis dafür, dass …"	positive Beziehung erhalten
3 Ausweichen, ablenken, unvollständig antworten	keine Klärung der Sache, Eindruck der Schwäche vermitteln
4 Gegenfrage stellen: „Ist das so wichtig für Sie?"	den Anderen verunsichern

Fortsetzung Tab. 2: Fragestrategien

Strategie	möglicher Effekt
5 Nichtwissen vorgeben	(bei Wissensfragen) den eigenen Wert mindern
6 Metaäußerung, z. B.: – nach Fragegründen fragen – auf soziale Position hinweisen – mögliche Folgen der Antwort nennen – Spielregeln abstecken: „Keine persönlichen Fragen bitte“	Normdiskussion ermöglichen

4. Baustein

Der Sache auf den Grund gehen – Argumentation

TIPP

Die Bausteine 4, 5 und 6 stellen ein mögliches Programm für ein einwöchiges Argumentationstraining dar. Teile aus diesen Bausteinen sollten jedoch auch in Seminaren zur freien Rede oder zum Diskutieren und Debattieren verwendet werden. Sie bilden, gemeinsam mit Übungen zum Fragen (Baustein 3), die Basis für jede Rhetorikübung. In diesen drei Bausteinen geht es um die Grundprinzipien von Argumentation:

- Aus welchen Elementen besteht Argumentation?
- Wie bringe ich jemanden zum Argumentieren?
- Welche Arten von Argumenten gibt es, und was kann ich mit ihnen erreichen?
- Wie finde und stütze ich Argumente?
- Wie greife ich bestimmte Argumente an, um sie zu entkräften?
- Wie kann ich mich gegen problematische (unfaire) Argumentationsweisen wehren?

Zur Sache

Zur Struktur von Argumentationen

Abb. 2: Struktur von Argumentation

Dies ist eine Argumentation in Mini-Format:

> Hier stoßen häufig Autos zusammen,
> deshalb:
> Fahr hier nur 30 km / h

Zu einer vollständigen Argumentation gehören immer zwei Aussagen:

Die Begründung: Hier stoßen häufig Autos zusammen:
- Das ist das ARGUMENT.

Das, was begründet werden soll: Fahr hier nur 30 km / h.
- Wir nennen das ARGUMENTANDUM.

Verbunden werden ARGUMENT und ARGUMENTANDUM durch einen
- OPERATOR: deshalb:

Eine solche Argumentation kann induktiv sein:

Ich bringe zunächst das Argument: **In dieser Kurve kommt es häufig zu schweren Unfällen** und nenne danach das Argumentandum: **deshalb gibt es hier eine Geschwindigkeitsbegrenzung**.

Oder die Argumentation ist deduktiv: zunächst das Argumentandum: **In dieser Kurve ist eine Geschwindigkeitsbegrenzung sinnvoll.**

Dann das Argument: **weil es hier häufig zu schweren Unfällen kommt.**

In Alltagsgesprächen argumentieren wir meistens deduktiv:

„Räum Dein Zimmer auf – Die Putzfrau kommt heute." „Räum Du heute mal die Geschirrspüle aus – Ich muss um neun zum Friseur."

Bei einer deduktiven Argumentation besteht allerdings die Gefahr, dass der Partner schon nach dem Argumentandum („Räum Dein Zimmer auf") abschaltet oder Widerstände aufbaut. Wirkungsvoller ist meistens eine induktive Vorgehensweise: Die Zuhörbereitschaft bleibt erhalten: „Ich bin bis um 13 Uhr beim Zahnarzt, deshalb werde ich heute Mittag nicht zum Essen kommen." „Wir haben noch eine Stunde Zeit, bis der Zug geht, deshalb ist Deine Hektik völlig unnötig."

Zu den Inhalten von Argumentationen

Begründet werden könnte:

a) die Berechtigung einer Aufforderung („Räum Dein Zimmer auf!")
b) die Richtigkeit einer Behauptung („Deine Hektik ist völlig unnötig.")
c) die Notwendigkeit, Angemessenheit einer geplanten oder vollzogenen Handlung („Ich werde heute Mittag nicht zum Essen kommen.")

Ziel der Argumentation ist immer: Der argumentative Schluss soll dem anderen einleuchten (plausibel sein). Dann erkennt er eventuell, dass die Behauptung stimmt, dass die Aufforderung berechtigt, die Handlung notwendig ist. Eine Voraussetzung dafür, dass dem anderen meine Argumentation plausibel erscheint: sie muss auf einer Grundannahme basieren, die der andere ebenfalls anerkennt.

Aristoteles hat diese Abfolge Grundannahme – Argument – Argumentandum als erster systematisiert. Wir greifen noch einmal das Eingangsbeispiel auf:

Obersatz:	Wenn die Gefahr besteht, dass an dieser Stelle bei großer Geschwindigkeit Autos zusammenstoßen, ist es sinnvoll, hier die zulässige Geschwindigkeit zu reduzieren.
Untersatz:	Hier stoßen häufig Autos zusammen.
Schlusssatz:	Fahr nur 30 km / h.

Eine Argumentation gelingt nur, wenn der Obersatz, also die Argumentationsbasis als Grundannahme vom Partner akzeptiert wird. Aristoteles nennt diese vollständige Argumentation **Syllogismus**. Stefan Toulmin hat für diesen Syllogismus ein griffiges Modell entwickelt.

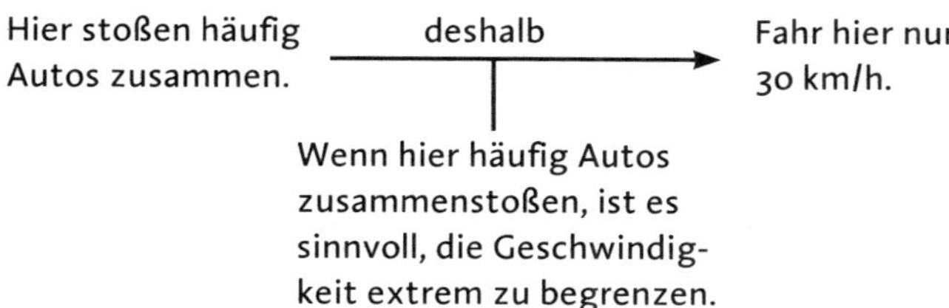

Toulmin nennt den Obersatz „Schlussregel". Wenn wir argumentieren, tun wir das meistens nur in zwei Schritten: Argument – Argumentandum. Die Schlussregel bildet für die Argumentation die Rechtfertigungsbasis, die wir als gemeinsame Grundannahme still voraussetzen.

Die Schlussregel setzt gewissermaßen einen Pfeiler zwischen Argument und Argumentandum. Wenn der nicht hält, bricht die Brücke ein. Wenn also der Partner diese Grundannahme nicht anerkennt, wird ihn die Argumentation nicht vom Hocker reißen.

Sieht die Tochter ein, dass „wenn die Putzfrau kommt, ihr Zimmer aufgeräumt sein muss"? Oder ist der Ehefrau klar, dass „Hektik unbegründet ist, wenn man noch eine Stunde Zeit hat"?

Das sind nämlich die Grundannahmen (die Schlussregeln) für die entsprechenden Argumentationen. Diese gemeinsamen Grundannahmen gilt es zu suchen oder herzustellen, wenn Sie erfolgreich argumentieren wollen.

Wie ist es in den folgenden Argumentationen mit den gemeinsamen Grundannahmen?

- Der Beamtenstatus verlangt die Treue zur Verfassung, deshalb können Beamte unsere Gesellschaft nicht verändern.
- Allopathische Medikamente haben schwer kalkulierbare Nebenwirkungen, deshalb rate ich zu homöopathischen Heilmitteln.

Zu Anlässen und Zielen von Argumentationen

1. Warum argumentieren wir überhaupt?

Wir argumentieren, weil wir eine Meinung oder Handlung rechtfertigen wollen. Vielleicht, weil jemand unserer Meinung widerspricht oder unsere Handlung kritisiert. Oder weil er eine Begründungsfrage stellt: „Warum meinst (tust, willst) du das?"

Er fragt vielleicht aus Interesse, oder weil er seine eigene Meinung bestätigt sehen will, weil er Zweifel hat, oder weil er dagegen argumentieren will. Wir müssten nun nicht unbedingt argumentieren. Wir könnten den anderen ignorieren, verhauen, beschimpfen, seine Fragen zurückweisen.

Wir argumentieren, weil wir beim anderen die Bereitschaft unterstellen, unseren Begründungen zuzuhören, sie vernünftig zu überdenken und sich dann dafür oder dagegen zu entscheiden.

Oder (etwas weniger idealistisch): Wir argumentieren, weil uns nichts anderes übrig bleibt, z. B. wenn wir in der schwächeren Position sind, wenn uns die Macht zu Befehlen oder Anweisungen fehlt.

2. Was wollen wir mit Argumentation erreichen?

Wir sollten die Ziele unserer Argumentationen nicht zu hoch stecken: Viel erreicht haben wir schon, wenn der Partner bereit ist, über unsere Argumente nachzudenken, noch mehr, wenn er in seinen eigenen Einstellungen oder in seinem Handlungsplan verunsichert wird. Wir können fast eine Rangfolge der möglichen Argumentationsziele aufstellen:

1. Der Partner ist bereit, unsere Argumente anzuhören.
2. Er denkt über diese Argumente nach, gleicht sie mit seinen Standpunkten oder Planungsmustern ab.
3. Er stimmt uns zwar nicht zu, zeigt aber Verständnis für unseren Standpunkt, unsere Idee.
4. Er gibt zu, dass wir von unserem Standpunkt aus recht haben.
5. Er ist in seinem Standpunkt verunsichert.
6. Er handelt in unserem Sinne, ändert seine Einstellungen jedoch nicht.
7. Er ist überzeugt, dass wir recht haben (Konsens).
8. Er ändert seine Einstellung, verwirft seine Pläne.
9. Er handelt in unserem Sinn (kooperiert), und zwar aus Überzeugung.

Jeder dieser Schritte könnte ein realistisches Endziel für uns sein, für das es sich lohnt, sich auf einen argumentativen Dialog einzulassen. Die Situation lässt eben oft nicht mehr zu. Aber wir haben noch andere Ziele, wenn wir argumentieren:

Innovation: Wir wollen unseren Partner für etwas interessieren und in ihm eine Meinung entwickeln.

Bestätigung: Auch wenn wir wissen, dass wir grundsätzlich gleicher Meinung sind wie unser Partner, tauschen wir unsere Argumente aus, z. B. zur politischen Lage oder nach einem Theaterbesuch über das Erlebte. Auf diese Weise ergeben sich andere Facetten, neue Perspektiven und Erkenntnisse.

Standpunkte festlegen und Argumente überprüfen: Wir versuchen, den Konsens in einer Gruppe (Partei, Interessenvertretung) mit Argumenten zu untermauern, die wir dann gemeinsam nach außen vertreten können.

Abgrenzen (gegen die Meinung des Partners): Wir wissen von vornherein, dass es keine Übereinstimmung oder Kooperation geben wird, möchten aber, dass der andere nachvollziehen kann, warum das so ist.

Aufmerksamkeit gewinnen: Wir liefern eine argumentative Show, zeigen, dass wir kluge Schlüsse ziehen können, beweisen unsere Überlegenheit, machen uns auf (fast) jeder Party unentbehrlich.

Sie sehen: Es geht beim Argumentieren nicht nur um das Herstellen von Konsens. Es geht um Handlungsbeeinflussung. Es geht auch um Beziehungsgestaltung, um Selbstdarstellung, um das Erzeugen von Gefühlen, um Innovation. Und nicht zuletzt argumentieren wir häufig mit dem Ziel, einen Konflikt zu verdeutlichen, uns abzugrenzen, einen Dissens zu begründen.

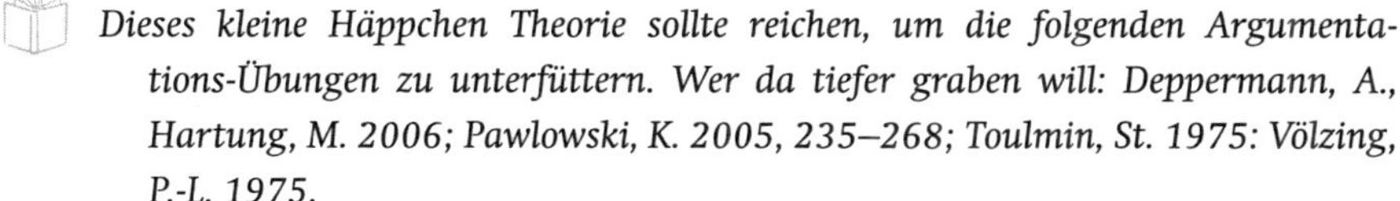

Dieses kleine Häppchen Theorie sollte reichen, um die folgenden Argumentations-Übungen zu unterfüttern. Wer da tiefer graben will: Deppermann, A., Hartung, M. 2006; Pawlowski, K. 2005, 235–268; Toulmin, St. 1975: Völzing, P.-L. 1975.

Trainingsformen

Info-Stand

Die folgende Übung eignet sich als Einstieg in ein Argumentationstraining.

Ein Teil der Gruppe (etwa 1 / 3) baut auf dem Markt (auf dem Flur / in einer Ecke / in einem Gruppenraum) einen Info-Stand einer Partei, einer Initiativgruppe auf. Es geht um eine Aktion im allgemein- oder regionalpolitischen Bereich (z. B. Umweltproblematik, Schul- oder Ausbildungsprobleme). Eventuell sollen Unterschriften gesammelt werden. Die Gruppe kann ihren Stand entsprechend ausgestalten: Transparente, Info-Material.

Der andere Teil der Gruppe stellt Passanten dar. Es werden typische Passantenrollen verteilt oder in der Gruppe gemeinsam „ausgestaltet". Vorbereitungszeit: 20 bis 30 Minuten.

Dann beginnt das Spiel. Die Passanten bewegen sich ihrer Rolle gemäß über den „Markt". Sie werden von den Info-Leuten angesprochen oder erkundigen sich von sich aus. Vor jedem dieser Gespräche gibt der Passant der jeweiligen Info-Person seine Rolle bekannt (z. B. ich bin ein 50-jähriger Mann, Kleinunternehmer usw. ...). Er kann aber auch ein Schildchen mit der Rollenvorgabe auf der Brust tragen.

Die Auswertung könnte zu folgenden Erkenntnissen führen:

Rhetorische Erkenntnisse

1. Argumentieren ist ein Mittel zum Konfliktaustrag, aber kein Allheilmittel.
2. Die Basis für eine erfolgversprechende Argumentation ist Sachwissen.
3. Der Partner muss da „abgeholt" werden, wo er sich (bezogen auf sein Wissen, seine Gefühle, seine Interessen) gerade befindet.
4. Die „Verpackung" spielt beim Argumentieren eine wesentliche Rolle.
5. Emotional geprägte Einstellungen sind durch die besten Argumente nicht zu verändern.
6. Es ist häufig zweckmäßig, Argumentationen abzubrechen, Beeinflussungsversuche aufzugeben.

Begründungskette

(auch im 3. Baustein „Fragen à la Platon“)

Am besten **Kleingruppenarbeit**:

Einer stellt eine Behauptung auf, z. B. „Man sollte im Winter Urlaub machen.“ Diese These wird infrage gestellt: „Warum?“ Sein Argument: „Weil das viel erholsamer ist als im Sommer.“ Weiter infrage stellen: „Warum ist das erholsamer?“ Argument: „Weil die Frostluft klarer und damit gesünder für den Organismus ist“. Und weiter geht es mit dem Infragestellen, bis die Fragekette zu Ende ist. Wann ist das?

Achtung: Es darf nicht etwas anderes als das im Argument Behauptete infrage gestellt werden. Also keine „Umsteige-Fragen“, z. B. „Warum ist der Sommerurlaub an der See nicht so gesund für den Organismus?“

Ein zweites Achtung: Bei diesem Beispiel hätte zuerst eine Definitionsfrage gestellt werden müssen: „Was verstehst du unter ‚Winterurlaub’?“

Definitionsfragen sind in dieser Begründungskette jederzeit zugelassen, ja sogar erwünscht, wenn sie notwendig erscheinen, wenn also etwas (z. B. begrifflich) unklar ist.

Rhetorische Erkenntnisse

1. Behauptungen enthalten häufig ungeklärte Begriffe. Diese Klärung kann durch Fragen verlangt werden. Beispiel: „Man sollte im Winter Urlaub machen“.
   a) „Was verstehst du unter ‚Urlaub im Winter’?“
   b) „Was heißt ‚man’? Jeder?“
2. Behauptungen sind rechtfertigungspflichtig. Das kann durch Fragen geschehen: „Warum (meinst du das)?“ „Wie begründest du das?“ Diese Fragen sollten den anderen eindeutig zu einer Begründung seiner Behauptung herausfordern. Sie sollten nicht durch eigene Stellungnahmen angereichert werden. Also nicht: „Warum willst du unbedingt der Skiindustrie Geld in den Rachen schmeißen?“ Das engt den Spielraum des anderen ein, löst eventuell Widerstände aus, verhindert seine Bereitschaft, seinen Standpunkt zu begründen.
3. Aber auch schlichte Fragen nach Begründungen schaffen häufig Widerstand auf der Beziehungsebene. Oft kann es daher nützlich sein, die Frage „einzubetten“ oder durch eine Para-

phrase (**Baustein 6**) einzuleiten: „Du, das verstehe ich nicht ganz. Könntest du das mal begründen?" „Verstehe ich dich richtig? Du meinst ... Und warum?"

4. Behauptungen werden durch Feststellungen begründet, die ihrerseits wieder infrage gestellt werden können. Eine solche Fragekette ist zu Ende, wenn die letzte Begründung sinnvollerweise nicht mehr infrage gestellt werden kann, z. B. wenn die Basis der Allgemeingültigkeit erreicht ist. Allerdings: Die Kette geht nie zu Ende, wenn man sich als Fragender nicht strikt ans Thema hält. Achtung vor solchen „Umsteige"-Fragen!

Abb. 3: Themensuche

Exkurs 1: Themen suchen

Ein großes Problem gerade beim Argumentationstraining ist die Suche nach geeigneten Themen: Worüber wollen wir diskutieren? Welches Thema interessiert euch? Wer stellt mal schnell 'ne These auf und begründet sie? Seid spontan! Eine gute methodische Möglichkeit: Man legt der Gruppe ein Foto oder eine Zeichnung vor (eventuell auch mehreren Kleingruppen unterschiedliche Fotos / Zeichnungen), auf denen „etwas passiert".

Aufgabe: Spontan Thesen, Feststellungen, Aufforderungen formulieren, die sich mit dem Dargestellten in irgendeiner Weise verbinden, z. B. hier:

Thesen: Gemeinsam Kochen macht Spaß.
Feststellungen: Bei uns gibt es mindestens einmal in der Woche Fisch.
Aufforderungen: Kommen Sie doch zum Essen rüber.

Es müssen nämlich nicht immer weltbewegende Themen sein, an denen Argumentieren geübt wird. Meist sind solche Themen (z. B. Mindestlohn / Keine Schulklasse über 20 Schüler) viel zu global, um daran die Struktur und die Wirksamkeit einzelner Argumentationsgänge zu überprüfen. Weil aber sicher nicht jeder Gruppenleiter so arbeiten möchte, gehen wir in den folgenden Trainingsformen auch von anderen Themen aus.

Exkurs 2: Argumente suchen

> *Berta*: „Wir sollten uns 'n neuen Wagen kaufen."
> Anton: *„'N neues Auto, nicht drin."*
> *Berta*: „Wieso nicht?"

Tab.: 3: Argumentationsmittel

Mögliche Argumente Antons	Argumentationsmittel	
Hier, sieh Dir unseren Kontostand an. Und hier die Zahnarztrechnung.	Nachprüfbare Fakten (Daten)	nachprüfbar ↑
Der alte läuft doch noch prima.	gemeinsame Erfahrungen	
Wir hatten doch gesagt: „Noch einmal TÜV."	Abmachungen	
Du, ich liebe die alte Mühle.	persönliche Empfindungen und Erfahrungen	
Ich habe da in einer Auto-Zeitung gelesen: Man soll Autos entweder schon nach drei Jahren verkaufen oder sie bis zur Schrottreife fahren.	Autoritäten	
30 % aller Neuwagen zeigen nach einem Jahr Mängel.	Statistiken	
Der hält garantiert noch zwei Jahre.	Prognosen	↓
Wir sollten uns nicht auch dem Konsumterror unterwerfen.	Normen, Wertvorstellungen	weniger nachprüfbar

Gruppenarbeit

Feststellungen, Behauptungen, Aufforderungen in den Raum stellen. Dazu Argumente möglichst jedes Typs suchen. Es werden Ihnen nicht zu allen Thesen Argumente jedes Typs einfallen. Wie kommt das?

Im Plenum sollte danach besprochen werden, was die einzelnen Argumente in einer konkreten Diskussion bewirken könnten.

Rhetorische Erkenntnisse
Ob sich ein Argumentationsmittel eignet, hängt von der Art des zu Begründenden und vom Partner ab:

1. Nicht immer sind Fakten zur Hand, gibt es gemeinsame Erfahrungen, noch seltener (vor allem, wenn es um Normen geht) sind konkrete Abmachungen vorhanden. Aber gerade diese Argumente sind meistens sehr wirkungsvoll, weil schwer zurückzuweisen.
2. Nicht alles, was als Faktum dargestellt wird, ist nachprüfbar. Vieles wird einfach als Tatsache behauptet in der Hoffnung, dass der andere es so akzeptiert.
3. Sehr häufig wird mit persönlichen Empfindungen, mit Autoritäten, Prognosen und Normen oder auch Statistiken argumentiert. Aber die lässt der Partner meistens nicht so stehen: Er erkennt sie als Argumente nicht an, hinterfragt sie oder widerspricht ihnen.

Argumente stützen

Tempo 120 auf deutschen Autobahnen!

Eine Forderung hängt in der Luft

geringerer Benzinverbrauch

geringere Ausbeutung der Ressourcen

weniger Reparaturen

Setze ein Argument als Pfeiler darunter

Stütze es durch Unterargumente ab

Tempo 120 auf deutschen Autobahnen!

Noch etwas kipplig

geringere nervliche/körperliche Belastung

weniger Unfälle

mehr Zeit zum Reagieren

Also ein zweiter Argumentationspfeiler

Mit festen Stützen

Auch die Gegenthese (kein Tempolimit auf deutschen Autobahnen) kann durch Argumentationspfeiler untermauert werden. Diese Pfeiler werden dann entsprechend gestützt.

Argumente pro und kontra:

Einer stellt eine These auf, z. B.: Man sollte sich einer politischen Partei anschließen.

1. Eine Gruppe von Teilnehmern überlegt sich vier Argumente, die für diese These sprechen. Eine andere Gruppe sucht unabhängig von der ersten Gruppe vier Argumente gegen diese These.
2. Zunächst trägt die „Pro-Gruppe" ihre Argumente vor.
3. Nach jedem Argument versuchen die übrigen Teilnehmer, dieses Argument (spontan) zu stützen.
4. Sind die vier Pro-Argumente vorgetragen und jeweils gestützt worden, trägt die Kontra-Gruppe ihre Argumente vor. Nach jedem Argument überlegen und formulieren die übrigen Teilnehmer mögliche Stützungen.

Rhetorische Erkenntnisse
Argumente können weiter gestützt werden, geeignete Mittel: Vergleiche, Beispiele, Statistiken, Zitate usw.

Argumente entkräften.

Kleingruppenspiel 1 (je vier Teilnehmer)

Teilnehmer A stellt eine These auf und begründet sie, z. B. „Man sollte sich nur einen Diesel kaufen; denn: Dieseltreibstoff ist wesentlich billiger." Die anderen versuchen, diese Argumente zu entkräften. Dabei haben sie vier Aktionsmöglichkeiten:

1. Sie können einmal bestreiten, dass dieses Argument diese Grundthese stützt.
2. Sie können eine Definitionsfrage stellen („Was verstehst du unter ...?").
3. Sie können zwei Begründungsfragen stellen (nach Präzisierungen / Stützungen fragen).
4. Sie können bis zu vier Gegenargumente einbringen.

Nach diesem Entkräftungsversuch bringt A das zweite Hauptargument ein. Wieder versuchen die anderen, es zu entkräften. Es gelten die gleichen Regeln wie oben.

Fragen nach dem Spiel:

- Welche Argumente ließen sich leicht, welche schwer entkräften?
- Was leisten in einem argumentativen Dialog Definitionsfragen und Begründungsfragen im Verhältnis zu Gegenargumenten?

Kleingruppenspiel 2 (je sechs Teilnehmer)

Drei Teilnehmer suchen für eine These die Argumente (evtl. mit Stützungen) und tragen sie im Zusammenhang vor. Die anderen machen sich Stichwörter. Dann ziehen sie sich kurz zur Beratung zurück.

Sie besprechen: Welches ist das Argument, das sich am leichtesten angreifen lässt? Mit welcher Strategie greifen wir es an (es stehen alle Mittel aus Spiel 1 zur Verfügung)? Dann beginnen sie ihren Entkräftungsversuch.

Rhetorische Erkenntnisse

1. Wenn ein Argument nicht wirklich inhaltlich diese These stützt, sofort einklagen!
2. „Entkräften“ oder „Bestreiten“ heißt: Die Plausibilität der Argumentation (dieser Begründung für diese These) zu erschüttern versuchen.
3. Nicht immer kann die erste Begründung gleich widerlegt werden, z.B. weil sie zu allgemein ist.

   Beispiel:
   These: In einem Wohnblock sollte man keine Hunde halten.
   Begründung: Das gefährdet den Hausfrieden.
   Man könnte nur wieder sehr allgemein dagegen sprechen.
   Besser: Nach neuer Begründung (Präzisierung) fragen: „Warum denn das?“ Weitere Nachfragen anschließen! Erst dann zu Gegenargumentationen ansetzen, wenn der andere einen konkreten Ansatzpunkt gibt (sehr energiesparend!).
4. Besonders plausibel, daher schwer zu bestreiten, sind Argumentationen mit Begründungen folgender Art:
   - nachprüfbare Fakten,

- „soziale Gewissheiten" (allgemein bekannte oder anerkannte, „unhinterfragbare" Werte und Normen).

5. Es gibt aber auch ganz „problematische Fälle".

Die „problematischen Fälle"

Einer stellt eine These auf, z. B. „Ihr solltet euch nur noch von Körnern, frischem Obst und rohem Gemüse ernähren."

Abb. 4: Gesunde Ernährung

Er nennt Argumente folgender Art:

1. **Statistik-Argumente**: „70% aller Organerkrankungen sind auf falsche Ernährung zurückzuführen."
2. **Autoritäts-Argumente**: „Berühmte Ernährungswissenschaftler, wie Prof. Kollath und Dr. Buker raten dringend dazu."
3. **Prognose-Argumente**: „Sonst bekommt ihr spätestens mit fünfundsechzig Arterien-Verkalkung."
4. **Persönliche Empfindungen und Erfahrungen**: „Also mir geht es viel besser, seit ich das tue, und es schmeckt auch prima."
5. **Moralische Appelle**: „Ihr als aufgeklärte Menschen müsstet doch wissen, was ihr da so an Schädlichem in euch reinstopft."

Was bewirken solche Argumente oder Scheinargumente (z. B. moralische Appelle) bei Ihnen? Wie könnten Sie auf solche Argumentationen reagieren?

Rhetorische Erkenntnisse

Strategien für „problematische Fälle“ (Auswahl ohne Anspruch auf Vollständigkeit und Allgemeingültigkeit).

1. **Statistik-Argumente**
   - Statistik als ‚Beweis‘ anzweifeln,
   - Voraussetzungen infrage stellen (Quellen, Methoden),
   - Aussagekraft (Relevanz) verkleinern, damit evtl. die Plausibilität dieses Schlusses infrage stellen,
   - Gegenbeispiele aus eigener Erfahrung anführen,
   - nach dem dahinterstehenden Interesse fragen.
2. **Autoritäts-Argumente**
   - den „Guru“ ignorieren, nur das Argument angreifen,
   - eine Gegenautorität aufbauen,
   - die Autorität abwerten, also „alltäglich“ machen,
   - den Kontext des Zitats erfragen,
   - dem Argumentierenden eine persönliche Frage stellen: „Hast du so eine Autorität nötig? oder: „Und was meinst du persönlich dazu?“
3. **Prognose-Argumente** (gewinnen ihre Wirksamkeit aus dem Zwang, analog zu denken, zielen auf Gefühle, auf Hoffnungen und Ängste)
   - nach Fakten und Voraussetzungen fragen.
4. **Persönliche Empfindungen und Erfahrungen**
   - Interesse zeigen für die Hintergründe, Meinungen oder Gefühle (erzählen lassen), Verständnis signalisieren,
   - nach den zugrundeliegenden Normen fragen,
   - den anderen als Person abwerten,
   - die Angemessenheit dieser Gefühle infrage stellen („Findest Du das jetzt angebracht?“),
   - Verallgemeinerungsfähigkeit dieser Empfindung anzweifeln,
   - sich (mit eigener Gegenmeinung) abgrenzen, evtl. Dialog abbrechen,
   - zusätzliche Erkenntnis: kurzfristige Empfindungen sind leichter zu „behandeln“ als verfestigte emotional begründete Einstellungen.
5. **Moralische Appelle** („du als aufgeklärter Bürger ...“)
   - Unterstellung infrage stellen („Was verstehst du unter ‚aufgeklärter Bürger‘?“),
   - scheinbar zustimmen, dann dagegen sprechen.

Wichtiger Nachtrag!

Spätestens hier taucht ein Problem auf, das jeden Rhetorikkurs begleitet (besser: begleiten sollte), ein Problem, das schon die Väter der Rhetorik, die Griechen, verunsicherte: Einige dieser Strategien sind eindeutig manipulativ: Sie nutzen die Schwächen und Ängste des anderen aus. Sie nützen nur mir, treffen aber den anderen z.T. empfindlich; und häufig kann er sich nicht einmal dagegen wehren. Wie geht man mit dieser Erkenntnis um? Heiligt der Zweck die strategischen Mittel?

Wir stellen uns bei der Auswahl von Strategien etwa folgende Fragen:

1. Welche konkreten Ziele verfolge ich? Wem würde das Erreichte nützen, wem schaden?
2. Sind diese Ziele in diesem Fall nur mit diesen Mitteln zu erreichen? (z.B. Welche Position hat der andere?)
3. Was könnte meine Vorgehensweise für den anderen für Folgen haben. Will ich das?
4. Was geschieht mit unserer Beziehung?

Also: Was gewinne, was verliere ich (z.B. die Selbstachtung)? In welchem Verhältnis steht das zueinander? Verstehen Sie uns richtig: Für uns gibt es keinen moralischen Imperativ (Du darfst nicht ...). Die Frage nach der Verhältnismäßigkeit muss sich jeder in jeder Situation neu stellen!

Dazu ein konkreter Spielvorschlag: Rollenwechsel! Beim Strategietraining sollte sich jeder mal als „Austeilender“, mal als „Erleidender“ erleben.

5. Baustein

Strickmusterempfehlungen – Argumente strukturieren

TIPP

Dieser Baustein entwickelt Planungsmuster für die Argumentationen in Diskussionen, Verhandlungen, Debatten. Er liefert aber auch die elementaren Voraussetzungen für Gliederungsübungen zur Meinungsrede (Baustein 19). Er sollte in keinem Redekurs fehlen!

Zur Sache

Argumentieren geschieht nicht nur im flotten Wechsel von Rede und Gegenrede, als Abfolge von Behauptungen, Bestreiten, Fragen, Begründen, sozusagen Schlag auf Schlag. Häufig ist es zweckmäßig, „aktiv“ zu argumentieren. Behauptungen oder Forderungen mit guten Argumenten abzusichern, bevor andere sie infrage stellen oder dagegen sprechen können. Oft bleibt Ihnen gar nichts anderes übrig, als in sich geschlossene Beiträge „abzuliefern“, gewissermaßen „Kurzreden“ zu halten, z. B. in Versammlungen, auf denen der Einzelne aufgrund einer Rednerliste nur selten das Wort hat, häufig viel zu spät oder viel zu früh. Da heißt es anzuknüpfen, da heißt es, seine Gedanken klar und geordnet unters Volk zu bringen. Und das fällt schwer.

Trainingsformen

Die Operatoren-Methode

Als Operatoren bezeichnen wir die verbalen Verbindungsglieder: deshalb, weil, daraus folgt, aber ...).

Kleingruppenarbeit (bis zu vier Teilnehmer)

Phase I: Ausgehend von Bildvorlagen, die der Seminarleiter vorher aussucht, werden Feststellungen, Aufforderungen, Thesen (Zwecksätze) formuliert und notiert. Eine Bildvorlage wird für den ersten Probelauf ausgewählt.

Abb. 5: Vorsicht ansteckend!

Phase 2: Es werden entsprechende Argumente gesucht und nach folgenden Verknüpfungsmustern strukturiert:

1. Kausal
   a) induktiv (Operatoren: das heißt / daraus folgt / deshalb / das führt dazu, dass),

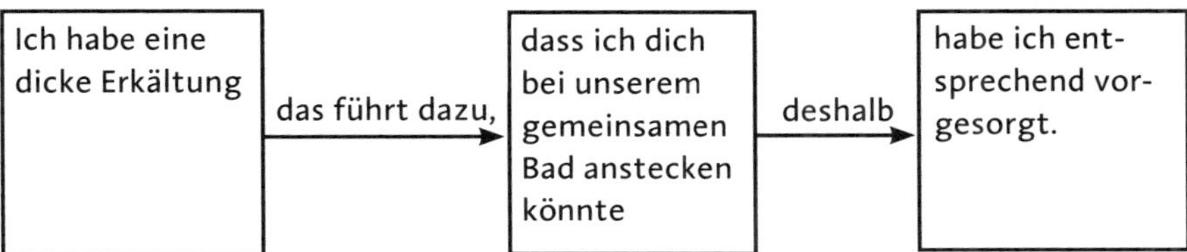

   b) deduktiv (Operatoren: denn, weil).

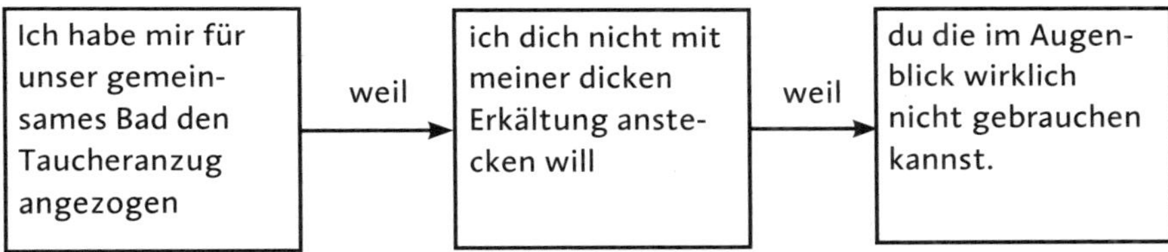

2. Modal
   a) aufzählend (Operatoren: 1., 2., 3. … / außerdem …),
   b) unter- / überordnend (Operatoren: darüber hinaus / vor allem / aber …),
   c) chronologisch (Operatoren: zunächst / dann / danach).

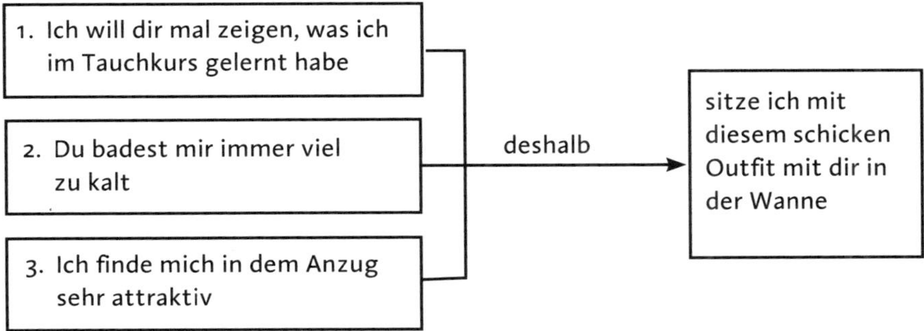

3. Dialektisch (Operatoren: dagegen / aber).

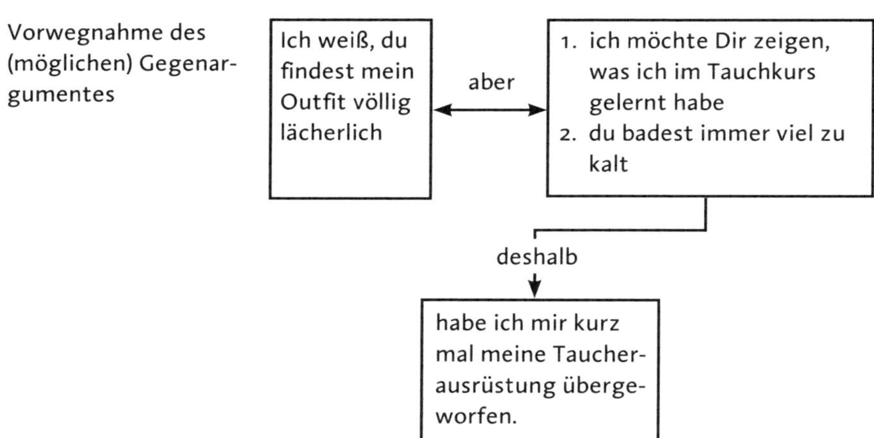

(Man kann also mehrere Verknüpfungsmuster wie Bausteine zusammenfügen).

- Die Teilnehmer strukturieren nach diesen Mustern die Argumente zu den Zwecksätzen, die sie aus den Bildvorlagen entwickelt haben.
- Sie bauen durch das Verknüpfen von Mustern größere Argumentationszusammenhänge auf.

Fragen dazu:

- Was leisten die einzelnen Muster in Argumentationen? Wie wirken sie (z.B. die deduktive und die induktive Kausalverknüpfung)?
- In welchen Situationen sollte man welche Muster bevorzugt anwenden?

Rhetorische Erkenntnisse

1. Bevor Sie im Zusammenhang argumentieren, sollten Sie Folgendes überlegen: Was will (kann) ich (in diesem Augenblick) beim anderen erreichen? Welcher Meinung will ich Geltung verschaffen (Zwecksatz)?
2. Durch die klare Anordnung der Argumente auf den Zwecksatz hin wird die Verständlichkeit erhöht, besonders dann, wenn die Operatoren als Verbindungsstücke tatsächlich ausgesprochen werden.

3. Argumentationen können so aufgebaut werden, dass man den Zwecksatz nennt und dann begründet (deduktiv) oder so, dass aus den Argumenten der Zwecksatz als unausweichlicher Schluss abgeleitet wird (induktiv).

Tab. 4: Induktive und deduktive Argumentation

deduktiv	Vorteile	Nachteile
	Aufmerksamkeit wird geweckt	spontaner (emotionaler) Widerspruch = Argumente werden nicht mehr wahrgenommen
induktiv	Vorteile	Nachteile
	möglichem Widerstand (Widerspruch) wird vorgebeugt	Der Hörer kann die Argumente nicht einordnen, er weiß nicht, worauf der Sprecher hinaus will

4. Die zusammenhängende kausale Operation (Kausalkette) wirkt zwingend. Aber: Wenn ein Argument angezweifelt wird, ist der ganze kunstvolle Bau in Gefahr. Wenn Sie mehrere Argumente zur Verfügung haben, eignet sich die modale Operation. Dabei sollte das schwächste Argument als erstes, das stärkste als letztes genannt werden (Steigerung).
5. Sehr wirkungsvoll ist die dialektische Operation: Durch die Vorwegnahme der (möglichen) gegnerischen Argumente werden die Hindernisse benannt, können abgewertet und damit aus dem Weg geräumt werden, der dann für die eigenen Argumente gut begehbar ist.
6. Die dialektische Operation eignet sich auch als Kompromissstrategie, also dann, wenn eine Lösung notwendig, aber von der Kooperationsbereitschaft des anderen abhängig ist.

Die Dreischritt-Methode

Häufig ist es notwendig, auf Versammlungen oder in Sitzungen zusammenhängende Diskussionsbeiträge zu liefern (Rednerliste!).

Das einfachste Planungsmodell für einen solchen Beitrag ist der Dreischritt:

Tab. 5: Die Dreischritt-Methode

Schritt 1:	Warum spreche ich? – Begründung meines Beitrags – Anknüpfung, aktueller Bezug	Ich habe mich sehr über deinen Beitrag geärgert, Horst. Du sagst, wir sollten mit unserer Schule nicht am Friedenstag der Schulen teilnehmen.
Schritt 2:	Was meine ich? Wie begründe ich das? (siehe Argumentationspläne)	Ich meine: 1. Wir sind in der Stadt als progressive Schule bekannt. 2. Wir sollten jede Gelegenheit nutzen, unsere Einstellung öffentlich zu äußern. 3. Wir müssen die Eltern zur Diskussion herausfordern.
Schritt 3:	Was will ich? (Zielsatz, Aufforderung)	Deshalb: Lasst uns diesen Aktionstag gründlich vorbereiten und mitmachen!

Natürlich könnte Schritt 2 gründlicher ausgearbeitet werden (z. B. Stützung der drei Argumente). Dies hier ist nur ein knappes Planungsmodell.

TIPP

Übungsvorschlag: Die Teilnehmer eines Rhetorikkurses geben in dieser Dreischritt-Form ein erstes Feedback zum bisherigen Kursverlauf.

Rhetorische Erkenntnisse

Ein solches Planungsraster verhilft zu einem geordneten Gesprächsbeitrag. Das Ergebnis:

- Der Beitrag ist gut verständlich (weil übersichtlich).
- Der Sprecher wirkt sicher, sein Beitrag wirkt durchdacht.

Im Beispiel oben steht der Zwecksatz (Appell, These) am Schluss (induktives Vorgehen). Die Vor- und Nachteile haben wir angesprochen.

Der Fünfsatz

Die oben geübten Planungshilfen können zu unterschiedlichen Grundmustern verknüpft oder erweitert werden. Solche Grundmuster entwirft Helmut Geissner. Sie bestehen aus jeweils fünf Schritten (bei Geissner fünf Sätzen):

a) Der Aufsatzplan:

Einleitung
1 Anknüpfung, Thema …

Hauptteil
2 erstes Argument
3 zweites Argument
4 drittes Argument

Schluss
daraus folgt zwingend
5 der Ziel-(Zweck) Satz

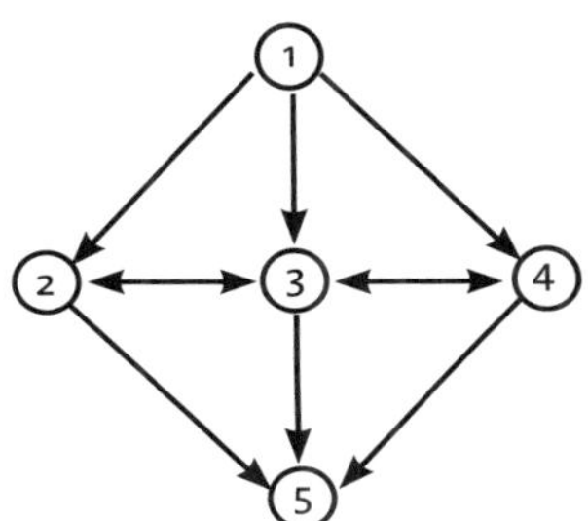

Formulierungsbeispiel:

1. Die Verkehrssituation in unserer Stadt ist nahezu unhaltbar geworden durch den starken Durchgangsverkehr.
2. Zum einen: Unsere Kinder sind ständig stark unfallgefährdet.
3. Zum anderen: Die Lärmbelästigung ist schier unerträglich.
4. Vor allem aber: Die Auto-Abgase vergiften die Luft in unserer Stadt.
5. Da bleibt nur eins: Unsere Stadt braucht eine Umgehungsstraße!

b) Die Kette:

Die Kette entwickelt im Gegensatz zum Aufsatzplan ihren Zielsatz nicht aus mehr oder weniger parallel nebeneinander stehenden Argumenten, sondern aus der streng logischen Entwicklung eines bestimmten Gedankenablaufs (sog. „Wenn-Dann-Beziehung“):

1 Tatsache ist …
2 Daraus folgt …
3 Das hat wiederum zur Folge, dass …
4 Dann folgt daraus …
5 Deshalb müssen wir … (Zwecksatz)

c) Vom Allgemeinen zum Besonderen:

Beim Argumentationsplan des Typs „Vom Allgemeinen zum Besonderen" wird das Ziel in der Regel im Widerspruch zu dem allgemeinen Grundsatz stehen, von dem die Argumentation ausgeht. Dieser Widerspruch wird begründet über eine besondere Person, Situation usw., die eben eine Ausnahmelösung erforderlich macht.

1 Gewöhnlich sieht man die Sache so …
2 In dieser besonderen Situation aber …
3 Erstens nämlich …
4 und zweitens …
5 Deshalb … (Zwecksatz)

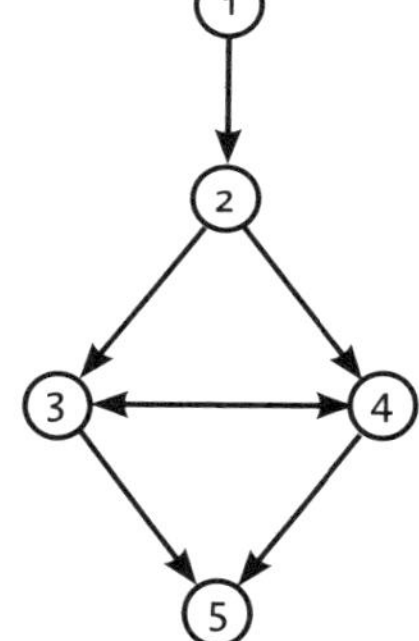

d) Der Vergleich:

Der Vergleich entwickelt sein Ziel aus der Gegenüberstellung zweier gegensätzlicher Ansichten, wobei die wesentlichen Begründungen für die unterschiedlichen Auffassungen möglichst unparteiisch referiert werden. Die eigene Ansicht soll erst nach der Darstellung der beiden Positionen zum Ausdruck kommen.

1 A meint …
2 Er begründet das so …
3 B hält dagegen …
4 und begründet das so …
5 Beide Auffassungen überzeugen mich nicht, deshalb … (Zwecksatz)

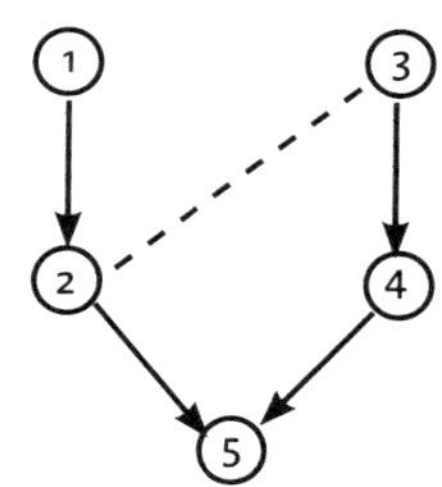

e) Der Kompromiss:
Beim Kompromiss werden wieder zwei Positionen gegenüber gestellt. Diesmal kommt es darauf an, die Gemeinsamkeiten zwischen beiden Positionen herauszuarbeiten und darauf aufbauend den eigenen Zielsatz zu entwickeln.

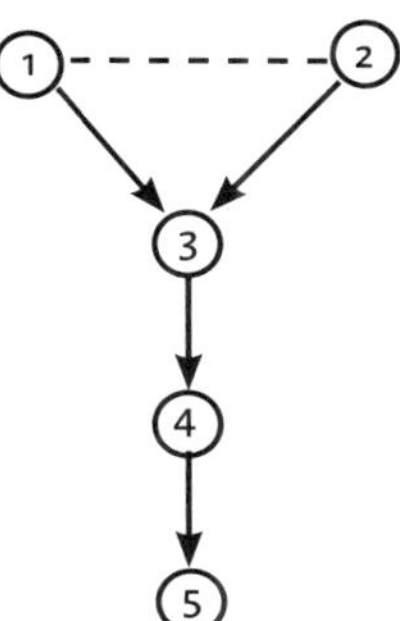

1 A meint …
2 B hält dagegen …
3 Beide sind sich darin einig, dass …
4 Gerade da sollte man ansetzen, denn …
5 Daraus ergibt sich ganz klar … (Zwecksatz)

f) Die Ausklammerung:
In der Ausklammerung behauptet der Sprecher, dass eine geäußerte Ansicht abwegig ist. Hier wird ohne große Begründung eine Ansicht, gleichgültig ob sie richtig oder falsch ist, als nicht passend oder untergeordnet hingestellt.

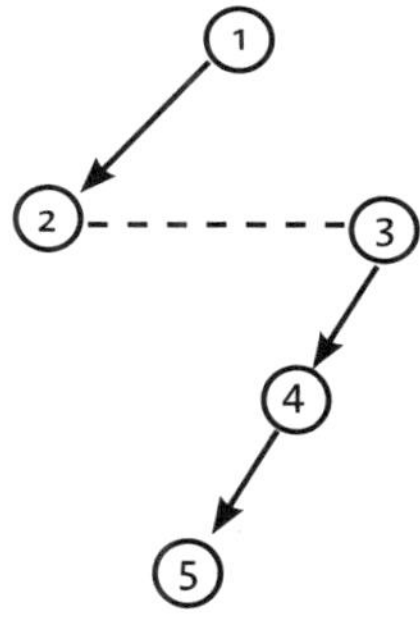

1 Wir reden dauernd über X …
2 Und bei X geht es ja vor allem um …
3 Darauf kommt es hier aber gar nicht an, denn …
4 Vielmehr geht es um …
5 Deshalb muss … (Zwecksatz)

g) Der dialektische Aufbau:
Zwei Positionen werden miteinander verglichen, die erste als nicht überzeugend, beide aber als Basis weiterer Überlegungen bezeichnet.

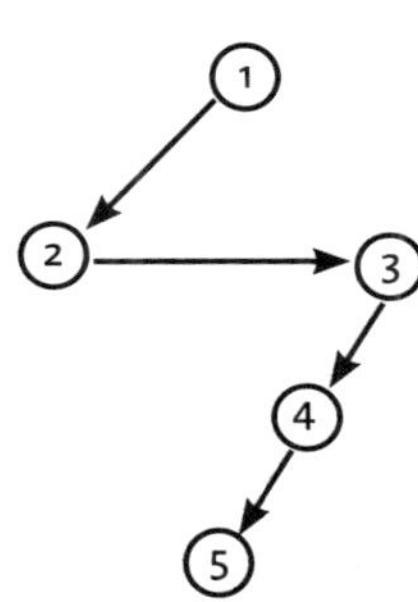

1 Dem Referenten danke ich für eine Menge Einsichten
2 Unter anderem hat er gesagt …
3 Dagegen ist aber zu halten …
4 Außerdem sollte man auch bedenken, dass …
5 Deshalb schlage ich vor … (Zwecksatz)

TIPP

Vorschlag zum Üben des „Fünfsatzes“:
Der Seminarleiter stellt Übungsblätter her, auf denen die einzelnen Schritte durch leere Kästchen dargestellt werden. In diese Kästchen können die Teilnehmer ihre entsprechenden Stichwörter schreiben. Das erleichtert am Anfang den Umgang mit dem Fünfsatz und ist eine erste Übung zur Erarbeitung eines Stichwort-Zettels (Baustein 10).
Eine weitere Erleichterung: Zwischen den Kästchen stehen die entsprechenden Überleitungspartikel (Operatoren). Der Seminarleiter sollte darauf achten, dass sie beim Vortrag wirklich ausgesprochen werden.

Rhetorische Erkenntnisse
Diese Planungsmuster eignen sich vor allem für Reden in Versammlungen, auf denen der Einzelne aufgrund der Rednerliste nur selten zu Wort kommt und dann einen in sich geschlossenen Beitrag abliefern muss (Baustein 19).

Debattenspiele

Bei einer Diskussion versucht jede Partei, die andere zu überzeugen. Es gibt aber auch Streitgespräche, bei denen die Standpunkte von Anfang bis zum Ende unverändert feststehen. Es geht nur noch darum, die beiden Meinungen einander gegenüberzustellen und allenfalls Unentschiedene für sich zu gewinnen. Einen solchen Meinungskampf nennen wir Debatte. Hier zwei Übungsformen der Debatte.

Die Englische Debatte

Grundregeln:
Die Gruppe sucht ein kontrovers diskutierbares Thema, in dem ein (emotionaler) Zündstoff steckt. Dann bilden sich zwei Parteien mit jeweils drei Mitgliedern. Wenn für den einen Standpunkt keine wirklichen Anhänger gefunden werden, sollten drei Freiwillige diese Position als Rollenspieler übernehmen. Sich intensiv mit einer Gegenposition zu beschäftigen, ist von großem Nutzen, denn man öffnet sich für die möglichen Denk- und Handlungsmuster, die dieser Position zugrunde liegen, erkennt ihre Stärken und Schwächen.

Danach wird ein Diskussionsleiter bestimmt. Partei A vertritt ihren Standpunkt vor dem Plenum mit dem Ziel, es für sich zu gewinnen. Partei B greift diesen Standpunkt an und stellt eine Gegenthese auf. Auch sie hat das Ziel, die Zuhörer zu überzeugen. Die Redezeit ist auf drei Minuten begrenzt.

Vorbereitung:
Beide Parteien bereiten sich getrennt vor. Es werden ein Hauptsprecher, ein Sekundant und ein Schlusssprecher bestimmt.
Tipps zum Vorgehen bei der Vorbereitung:

1. Sammeln Sie Argumente für Ihren Standpunkt. Bedenken Sie dabei die möglichen Argumente der Gegenpartei.
2. Ergänzen Sie die Argumente durch Beispiele.
3. Ordnen Sie die Argumente nach der Operatoren- oder der Fünfsatzmethode, und bereiten Sie die Kurzrede des Hauptsprechers vor.
4. Sie sollten noch Argumente für den Sekundanten übrig lassen. (Er muss allerdings nachher die Argumente der Gegenpartei mit verarbeiten.)

Die nicht Beteiligten bereiten sich ebenfalls vor, denn sie kommen in der zweiten Runde zu Wort.

Verlauf:

Runde 1
Der Hauptsprecher der Gruppe A begründet die Meinung seiner Gruppe. Der Hauptsprecher der Gruppe B bestreitet die These und stellt eine Gegenthese auf. Dabei kann er bereits auf Argumente der Gruppe A eingehen.
Darauf folgen die Sekundanten in der gleichen Reihenfolge.

Runde 2
Jetzt kommen die Zuschauer zu Wort. Sie haben für oder gegen eine der Positionen zu sprechen. Vermittlungsvorschläge sind nicht möglich.
In diese Diskussion dürfen sich die Redner aus Teil 1 nicht einmischen.

Runde 3
Die Schlusssprecher beenden die Debatte. Der Sprecher der Gruppe B beginnt. Danach stimmen die Zuschauer für oder gegen die These der Gruppe A.

Auswertung:
Fragen an die Mitglieder der Gruppen A und B:

- Wurde Ihre ursprüngliche Meinung im Laufe der Debatte gefestigt / verunsichert / verändert?

- Welche Argumente der Gegenpartei fanden Sie besonders einleuchtend und warum?
- Welche Argumente Ihrer Partei fanden Sie nicht überzeugend und warum nicht?

Fragen an die übrigen Teilnehmer:

- Wurde Ihre Meinung im Laufe der Debatte gefestigt / verunsichert / verändert? Wodurch?
- Welche Argumente beider Parteien fanden Sie überzeugend / weniger überzeugend? Warum?
- Was hat den eigentlichen Ausschlag bei der Vergabe Ihrer Stimmen gegeben?

Frage an alle: Wie bewerten Sie diese relativ streng geregelte Form der Diskussion?

Die Amerikanische Debatte

Grundregeln: Es bilden sich zwei Parteien mit mindestens vier, höchstens sechs Teilnehmern zu einem Streitthema. Sie formulieren zu diesem Thema eine griffige These. Beide Parteien vertreten ihren Standpunkt gegeneinander und versuchen, die Zuhörer für sich zu gewinnen.
Es wird ein Spielleiter bestimmt. Die Redezeit ist begrenzt (ca. eine Minute).

Vorbereitung: Beide Gruppen bereiten sich getrennt auf die Debatte vor.

1. Sammeln Sie Argumente für Ihren Standpunkt. Überlegen Sie dabei auch, was die Gegner sagen könnten.
2. Ordnen Sie diese Argumente nach ihrer Gewichtigkeit.
3. Teilen Sie die einzelnen Argumente untereinander auf. Jeder bereitet zu einem Argument eine Kurzrede nach dem Operatorenschema oder nach dem Fünfsatzschema vor.
4. Stellen Sie eine Reihenfolge der Redner auf.

Die nicht Beteiligten können eine der Parteien als Berater unterstützen.

Durchführung: Wenn die Vorbereitungen abgeschlossen sind, setzen sich die Teilnehmer in der Reihenfolge ihrer Redner gegenüber. Vor Beginn der Debatte stimmen die Zuhörer spontan ab: „Wer ist für, wer ist gegen die zur Debatte stehende These?“ Die Debatte wird in drei Runden durchgeführt:

Runde 1: Zunächst wird ausgelost, welche Partei anfängt. Redner 1 dieser Partei trägt seine Kurzrede vor, darauf Redner 1 der Gegenpartei usw. In dieser Runde beziehen sich die Redner noch nicht auf die gegnerischen Argumente. So stehen sich nach der ersten Runde die Argumente von A und B als Diskussionsmaterial gegenüber.

Runde 2: Redner 1 der Gegenpartei beginnt. Er bezieht sich auf die Argumentation des Redners 1 der anderen Partei (Achtung: in der ersten Runde Notizen machen!) und versucht, sie zu entkräften und seine eigene Ansicht durchzusetzen. Das versucht nun jeder Redner in der gegebenen Reihenfolge.

Runde 3: In dieser sogenannten „freien Runde" besteht die einzige Festlegung darin, dass das Rederecht zwischen den Parteien A und B wechselt.

Der Spielleiter:

- achtet auf die Einhaltung der Reihenfolge,
- nimmt in der freien Runde Wortmeldungen entgegen,
- führt eine Rednerliste,
- begrenzt die Redezeit.

Nach der Debatte stimmen die Zuhörer ein zweites Mal ab. Hat sich das Meinungsbild verändert?

Nicht immer ist die Partei, die die meisten Stimmen erhält, auch die, die am besten argumentiert hat. Häufig kämpft eine Meinungsgruppe in solchen Spieldebatten einen hoffnungslosen Kampf, weil sie eine Meinung vertritt, die bei den meisten Teilnehmern von vornherein chancenlos ist.

Deshalb empfiehlt es sich, eine rhetorische Bewertung der einzelnen Beiträge anzuschließen (Beobachtungskriterien in Baustein 7).

6. Baustein

Bestricken und umgarnen – Argumentationen anwenden

TIPP

Teile dieses Bausteins sollten in jedem (Gesprächs- / Diskussions-) Seminar angewendet werden.
Die hier gezeigten Strategien bewähren sich vor allem in Konfliktgesprächen aller Art (z.B. Kritik üben, sich weigern, sich beschweren).
Die Spielsituationen sollten dem unmittelbaren Erlebnisbereich (z.B. Beruf, politische Tätigkeit, Vereinstätigkeit, Familie) der Teilnehmer entstammen. („Wem fällt eine Situation ein, die für ihn problematisch war oder ist?").

Zur Sache

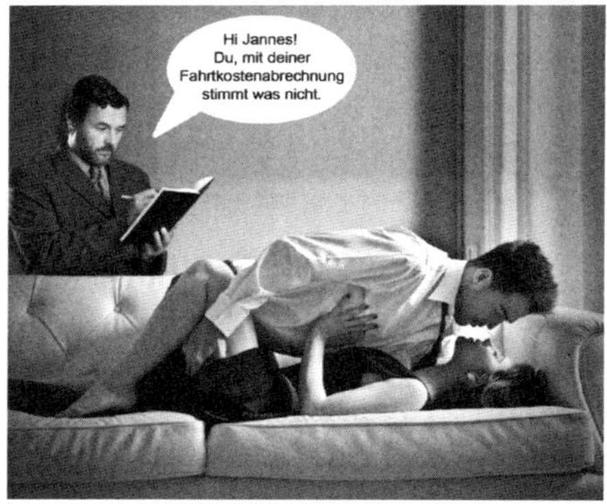

Abb. 6: Der richtige Zeitpunkt?

Argumentieren geschieht in konkreten Sprechsituationen. Die besten Argumente und der klarste Aufbau nützen nichts, wenn diese Argumente mein Gegenüber, dieses Gegenüber zu diesem Zeitpunkt nicht erreichen.

Die Formel zur Analyse der Sprechsituation:
Wer spricht zu wem? Worüber? Warum? Wozu? Wann? Wo?

Wir haben uns diese Formel von Lasswell zur Einschätzung der Situation im Baustein 1 sehr genau angesehen. Dabei wurde klar:

Je besser ich den anderen kenne, desto sicherer lassen sich die Fragen der Formel vor einem Gespräch klären. Häufig aber ergibt sich diese Einschätzung des anderen und damit auch die Einschätzung meiner Chancen und Grenzen erst während des Gesprächs. Da heißt es: Gut zuhören und hinhören, schnell und angemessen reagieren.

Trainingsformen

Partnerzentriertes Argumentieren (Paraphrasieren)

Kleingruppenspiel „Paraphrasieren"

Es werden Dreiergruppen gebildet. Die Aufgabe:

1. Suchen Sie sich ein keines „Streitthema"
2. Zwei Teilnehmer der Kleingruppe sind die Agierenden, der Dritte achtet darauf, dass die Regeln eingehalten werden.
3. Die Regeln: Teilnehmer 1 stellt zum Streitthema eine Behauptung auf und begründet sie. Teilnehmer 2 muss das Gesagte möglichst genau wiederholen (paraphrasieren) („Du meinst also ...?", „Wenn ich dich richtig verstanden habe ..."), bevor er seine eigene (Gegen-)Argumentation vorträgt. Diese muss jetzt wieder von Teilnehmer 1 paraphrasiert werden, bevor er zur Replik ansetzt. So geht es weiter. Teilnehmer 3 achtet zunächst darauf, dass die Regeln eingehalten werden. Dann wird er zum Diskutierenden, und Teilnehmer 1 oder 2 übernehmen die Schiedsrichterrolle.
4. Sie sollten darauf achten, dass die Paraphrasen inhaltlich präzise sind vor allem dann, wenn die Beiträge sehr „ausführlich" daher kommen.
5. Das Spiel kann so erweitert werden, dass alle drei Teilnehmer reihum paraphrasierend und argumentierend in das Gespräch eingreifen.

Im Plenum werden die Erfahrungen mit dem Spiel besprochen und daraus die rhetorischen Erkenntnisse (s.u.) abgeleitet.

Rollenspiel Reklamation

Rolle 1: Stellen Sie sich vor: Sie haben in einem Jeansshop eine' Hose gekauft. Bereits am zweiten Tag platzt die Naht. Sie wollen diesen Verarbeitungsmangel reklamieren.

Rolle 2: Stellen Sie sich vor: Sie sind Verkäuferin in einem Jeansshop. Sie haben von Ihrem Chef den Auftrag bekommen, möglichst jede Reklamation zurückzuweisen, bei der es sich nicht eindeutig um einen Fehler des Herstellers oder des Materials handelt. Die nicht am Spiel Beteiligten könnten den Rollenspielern während der Vorbereitung zur Seite stehen.

- Spielen Sie diese Szene (Dialog 1).
- Brechen Sie das Gespräch nach etwa zwei Minuten ab.
- Danach wird die Paraphrase-Regel eingeführt und das Reklamationsgespräch noch einmal geführt (Dialog 2). Aber nur paraphrasieren, wenn es angebracht ist.

Auswertung:

- Wodurch unterscheiden sich die Dialoge 1 und 2?
- Welche Vorteile / Nachteile hat diese Dialogstrategie?

Wenden Sie diese Strategie in anderen Dialogen dieser Art an!

Rhetorische Erkenntnisse

1. Paraphrasieren zwingt zum genauen Zuhören. Das erfordert ein hohes Maß an Konzentration.
2. Paraphrasieren hilft, Missverständnissen vorzubeugen oder sie zu beseitigen:
   - auf der Sachebene („Das habe ich nicht gesagt"),
   - auf der Beziehungsebene („Ich habe keine Behauptung aufgestellt, sondern gefragt ...").
3. Paraphrasieren hilft, Zeit zu gewinnen zur Vorbereitung der eigenen Stellungnahme (vor allem in Stresssituationen).
4. Paraphrasieren dient der Versachlichung (Kontrolle) rein gefühlsbestimmter Äußerungen („Puffer").
5. Paraphrasieren dient dazu, sich in den anderen und seine Motive hineinzuversetzen.
6. Paraphrasieren signalisiert Zuhörerbereitschaft, Bereitschaft, sich mit dem anderen und seinen Argumenten zu beschäftigen, signalisiert damit Wertschätzung, beseitigt eventuell Distanz oder Abwehr.
7. Paraphrasieren strukturiert den eigenen Gesprächsbeitrag.
8. Paraphrasieren ist nur eine Strategie unter vielen. Zu häufig und im ungeeigneten Augenblick eingesetzt, büßt sie ihre Wirkung ein.

Mehr dazu: Pawlowski, K. 2005, 89–101

Das passende Argument

Rollenspiel Reisebüro

In ein Reisebüro kommen die folgenden Personen, um sich beraten zu lassen. Sie sind unentschlossen und offen für Vorschläge.

- Eine Hausfrau, 51, reist alleine, will mal was sehen und andere für sich flitzen lassen, muss aber ein bisschen sparen.
- Bankdirektor 60, tanzt gern, möchte mal ungestört Jeans tragen.
- Volkswirt, 64, fotografiert alles, möchte ein bisschen abnehmen, viele Menschen auf einem Haufen mag er nicht.
- Zahnarzt, 49, probiert Bekanntschaften und jeden Cocktail.
- Sekretärin, 28, möchte gerne mal schöne Kleider ausführen, aber zu teuer darf das Ganze nicht sein.
- Dolmetscherin, 33, lernt gerade Schach, malt ein bisschen Landschaften, hat Angst vor Seekrankheit.
- Filmproduzent, 45, joggt gerne, möchte ein bisschen Ruhe, vor allem gutes Essen, guten Wein und mal was anderes erleben als verrückte Darsteller und Regisseure.

Das sind nur Rollenvorschläge. Die Rollen können durchaus noch modifiziert werden.

Der Reisebüro-Mitarbeiter kennt seine Kunden nicht, also auch nicht ihre Wünsche und Vorlieben. Seine Einstiegsfrage könnte also lauten: „Was versprechen Sie sich denn vom Urlaub?".

Aufgabe 1: Versuchen Sie, diesen Personen eine Reise auf einem Luxusdampfer (Marke „Traumschiff") zu vermitteln.

Aufgabe 2: Versuchen Sie, ihnen Ihr eigenes bevorzugtes Urlaubsziel zu vermitteln. Dazu ist es eventuell notwendig, ihre Urlaubserwartungen etwas verändernd zu beeinflussen.

Rhetorische Erkenntnisse
Wenn Sie jemanden zu einer bestimmten Entscheidung oder Handlung bewegen wollen, sollten Sie ihn „da abholen, wo er sich im Augenblick befindet", d.h.:

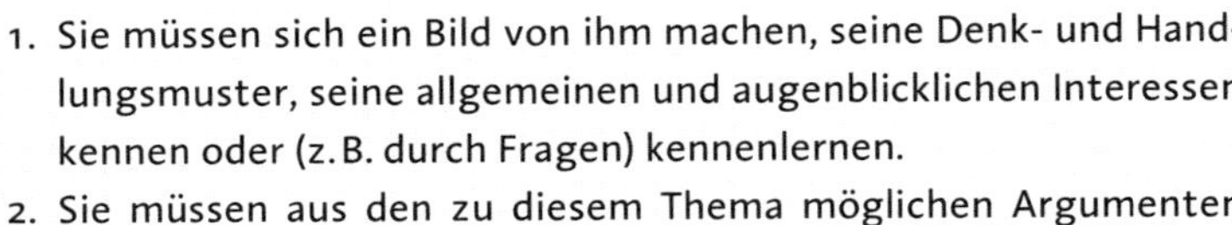

1. Sie müssen sich ein Bild von ihm machen, seine Denk- und Handlungsmuster, seine allgemeinen und augenblicklichen Interessen kennen oder (z.B. durch Fragen) kennenlernen.
2. Sie müssen aus den zu diesem Thema möglichen Argumenten die auswählen, die ihn aufmerksam, gespannt machen, die seinen Bedürfnissen, seinen Denk- und Handlungsmustern entsprechen, zumindest ihnen nicht widersprechen.
3. Sie müssen Ihre Ratschläge für gerade diese Person (sprachlich und sprecherisch) „schmackhaft zubereiten".

Rollenspiel Unterschriften sammeln

Drei Teilnehmer spielen Mitglieder einer Bürgerinitiative „Gegen den Golfplatz". Sie haben die Aufgabe, Unterschriften gegen den Bau dieses Golfplatzes zu sammeln. Sie haben folgende Informationen: Es soll eine Golfanlage in einem Naherholungsgebiet von Göttingen, dem „Kerstlingeröder Feld" gebaut werden.

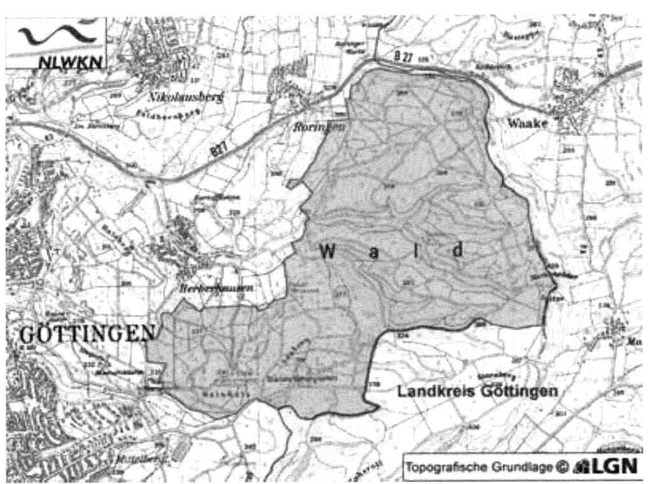

Abb. 7: Kerstlingeröder Feld

Als Zufahrtsstrecke wird ein Waldweg vom Göttinger Stadtrand aus dreispurig ausgebaut.

Notwendig werden:

- ein Waldeinschlag von 42 ha, ca. 900 Bäume,
- umfangreiche Planierungs-und Erdbewegungsarbeiten.

Die Folgen:

- die Landschaft wird verändert,
- der Wildbestand wird drastisch reduziert,
- Lärmbelästigung während der Bauphase,
- danach großes Verkehrsaufkommen durch Golfplatz-Nutzer und Versorgungsfahrzeuge,
- die Göttinger Bürger verlieren ein sehr beliebtes Naherholungsgebiet.

Die Unterschriften werden vor allem bei den am meisten betroffenen Anwohnern gesammelt. In diesem Spiel sind es sechs:

- ein Rentner im Altenwohnstift,
- eine junge Frau mit drei unruhigen Kindern,
- drei jugendliche Mopedfahrer, ca. 16 Jahre,
- eine Frau mittleren Alters,
- ein Filialleiter der örtlichen Sparkasse, ca. 40 Jahre,
- ein junger Mann ca. 30 Jahre, arbeitsloser Lehrer.

Jeder Unterschriftensammler übernimmt also zwei Personen.

Die sechs Rollenvorgaben:

Rentner im Wohnstift,
das direkt an der geplanten Zufahrt zum Golfplatz liegt, Rentner ist gehbehindert, sollte sich viel bewegen. Ist auf die nahen Waldwege angewiesen. Das Kerstlingeröder Feld kennt und liebt er seit seiner Kindheit. Jetzt ist der fragliche Waldweg seine tägliche Route. Allerdings: Sein Sohn ist leidenschaftlicher Golfer und hätte natürlich gern einen Golfplatz in der Nähe.

Junge Frau mit drei unruhigen Kindern
Ist gerade beim Kochen. Sie weiß gut über die Angelegenheit „Golfplatz“ Bescheid und sympathisiert mit der Gegenbewegung, möchte sie auch unterstützen. Zumal sie ja mit den Kindern viel auf dem Kerstlingeröder Feld ist, vor allem im Winter zum Rodeln. Aber sie will keine Unterschrift geben, ohne vor-

her mit ihrem Mann gesprochen zu haben. Der ist Mitglied im Ortsrat Geismar, und sie hat Angst, dass ihm eine solche Unterschrift schaden könnte, vor allem, weil die Namen ja vielleicht veröffentlicht werden.

Jugendlicher Mopedfahrer
Freut sich auf die entstehende Rennstrecke, heizt aber auch so gerne und oft über die schönen Wege des „Feldes", politisch ziemlich uninteressiert, auch sonst null Bock auf alles. Ist mit anderen Jugendlichen gerade vor der Haustür beim Mopedbasteln.

Frau mittleren Alters
Bieder, gut situiert, Kränzchenschwester, im Allgemeinen hilfsbereit, aber gänzlich uninformiert, will vorher gern wissen, wer sonst noch unterschrieben hat, ängstlich, „wer oder was steckt dahinter?", gibt eigentlich lieber Geld als ihre Unterschrift.

Filialleiter der örtlichen Sparkasse
Ca. 40 Jahre, ist gut informiert, gibt sich zwar den Anschein von Entschiedenheit, will es aber mit niemandem verderben, sehr beschäftigt, möchte den Besucher am liebsten abwimmeln, Mitglied im örtlichen Heimat- / Verschönerungsverein.

Jugendlicher Mann, ca. 30 Jahre
Engagierter Typ, arbeitsloser Lehrer, demonstrationsgeschult, hält die Unterschriftenaktion für ein lahmes Mittel, will den Unterschriftensammler radikalisieren.

Beide Gruppen (Unterschriftensammler und Anwohner) können sich getrennt 20 Minuten vorbereiten. In einer größeren Seminargruppe könnten sich die nicht am Spiel Beteiligten jeweils einem Rollenspieler zugesellen und ihn beraten. Dann laufen nacheinander die Besuchsgespräche (Video).

Beobachtungsaufgaben an die nicht Beteiligten:

- War die Gesprächsanknüpfung angemessen?
- Hat der Unterschriftensammler dem Gesprächsverlauf entsprechend reagiert?
- Wie ist er mit den Widerständen des Partners umgegangen?

Auswertung (nachdem alle Gespräche geführt worden sind).

Frage an die Unterschriftensammler:

- Wie haben Sie sich ihre jeweiligen Partner vorgestellt?
- Hat Sie deren tatsächliche Reaktion überrascht?
- Wenn ja, wie haben Sie die Situation zu meistern versucht?
- Haben Sie Ihr Ziel erreicht? Versuchen Sie, den Erfolg / Misserfolg zu begründen.

Fragen an die Anwohner:

- Wie haben Sie den Unterschriftensammler erlebt?
- Was hat Sie zu Ihrer Entscheidung veranlasst?

Rhetorische Erkenntnisse
Wer spricht zu wem, worüber, warum, wozu, wann, wo?

1. Nach diesen Variablen kann man eine Sprechsituation vor einem Gespräch einschätzen.
2. Wenn der Partner Ihnen unbekannt oder wenig bekannt ist, sind nur die „äußeren Bedingungen" einschätzbar: soziale Rolle, kollektive Einstellungen, allgemeine rollenbedingte Interessen. Die Situationseinschätzung muss in der ersten Gesprächsphase differenziert werden. Strategisches Mittel: Fragen!
3. In einem Gespräch wird von beiden Partnern die „innere" Situation" gemeinsam hergestellt und weiterentwickelt (die Aktion des einen löst eine Aktion des anderen aus). Die Situation muss also immer wieder neu analysiert werden. (Wer ist der andere jetzt? Worum geht es ihm in diesem Moment?)
4. Die jeweilige Aussage ist ein Ergebnis des Abwägens zwischen der eigenen Intention und den augenblicklichen Möglichkeiten zu ihrer Verwirklichung.
5. Wenn ich vom anderen will, dass er mit mir kooperiert, muss ich ihn da „abholen", wo er (im Augenblick) ist, und entsprechend auswählen, WAS ich sage und WIE ich es sage.
6. Kooperationswünsche lösen häufig beim anderen Spannungen (Dissonanzen) und damit Widerstände aus. Mögliche Strategien:
   - Dissonanzen vorbeugen (Konsonanzen verstärken: „Wir"),
   - Dissonanzen so gering wie möglich halten,
   - Dissonanzen abarbeiten,
   - Dissonanzen herstellen und Lösungen anbieten.

Mit Widerständen und Dissonanzen umgehen

Beispiel für ein geeignetes Rollenspiel:

Ein Student, 25, einziger Sohn, 10. Semester, sollte eigentlich Examen machen, hat aber Probleme, die notwendigen Scheine zusammenzubringen, möchte noch zwei Semester anhängen, muss seinen Vater um entsprechende „Scheck-Verlängerung" bitten.

Der Vater, Beamter (Grundhaltungen: Fleiß, Zuverlässigkeit, Sparsamkeit), will sich und seiner Frau mal was gönnen, wenn das Studium des Sohnes beendet ist. Einstellung gegenüber dem Sohn: im Allgemeinen positiv, aber: „macht es sich immer ein bisschen leicht". Der Vater weiß: Seine Frau liebt den Sohn abgöttisch.

Suchen Sie ähnliche Rollenspielsituationen, in denen ein Konflikt zu erwarten ist, in denen das Kooperationsersuchen beim Partner Dissonanz auslöst.

Rhetorische Erkenntnisse

Wenn etwas nicht so läuft, wie wir uns das gedacht und gewünscht haben, löst das Dissonanzen (Spannungen) in uns aus. Allgemeine Tendenz: diese Dissonanzen zu beseitigen, Konsonanz herzustellen. Nehmen wir an: Der Vater hat den Sohn abblitzen lassen. Aber nun hat er ein schlechtes Gewissen. Das ist ein typisches Dissonanz-Gefühl. Was tun?

- Er ändert doch noch seine Meinung / seine Intention: „Na ja, eigentlich hat er ja einleuchtende Gründe."
- Er wertet den anderen als Person ab: „Er war schon immer ein Faulpelz."
- Er wertet sich selber auf: „Ich, in seinem Alter, hatte schon Examen."
- Er wertet das, was der Sohn ihm vorgetragen hat, ab oder um (wir hören das, was wir hören wollen): „Er hat das mit einer Selbstverständlichkeit vorgetragen. Und wie er das gesagt hat: so fordernd."

Häufig werden wir aber doch (vielleicht weil die Mutter interveniert hat) gezwungen, nachzugeben. Dann ist uns hinterher besonders mulmig. Und dann?

- Wir werten die Dissonanz ab: „Eigentlich finde ich das ja doch ganz gut." Wir spielen den Wert der Entscheidung herunter: „So viel Geld ist es ja nun auch wieder nicht."

- Wir weisen uns einen Märtyrer-Rolle zu: „Na klar. Wer ist der Dumme? Ich. Ich werde immer ausgenutzt."

Wir betrügen uns also häufig ein bisschen selbst, weil wir die Spannung nicht ertragen können, bis wir uns wieder leiden können. Der andere, der uns zum Mitmachen bewegen will, der Sohn also, muss diese Reaktionsmuster kalkulieren. Und wie?

- Er lässt erst keine Dissonanzen aufkommen: Er verstärkt die Gemeinsamkeiten, macht sich dem Vater möglichst ähnlich: „Du bist doch auch einer, der alles gründlich macht."
- Er hält die Dissonanzen, die unvermeidbar sind, so gering wie möglich: Er untertreibt, stellt bedeutendere Konflikte in den Vordergrund: „Ich bin ja sicher nach dem Examen doch erst zwei Jahre arbeitslos."
- Er versucht, die unausweichlichen Dissonanzen im Gespräch „abzuarbeiten".
  - Er sucht andere Schuldige: „Die Prüfungsordnung hat sich geändert."
  - Er beruft sich auf Autoritäten: „Mein Professor meint auch ..."
  - Er gesteht Fehler ein und bietet eine Lösung an: „Ja, ich habe zwei Semester gebummelt. Deshalb nehme ich das Geld als Darlehen."
  - Er spielt die Bedeutung des Anliegens herunter: „Wenn ich, wie du wolltest, Medizin studiert hätte, wäre ich noch lange nicht fertig. Und denk an die teuren Medizinbücher."
  - Er betont die positive Seite des Anliegens: „Dann mache ich mindestens eine Zwei und habe größere Chancen."
  - Er bietet einen Kompromiss an: „Du übernimmst die Hälfte. Ich verdiene den Rest."
  - Er versucht, den anderen konkret zu beteiligen: „Fahr mal mit, und guck dir an, wie das läuft."
- Oder er baut bewusst Dissonanzen auf: Er verstärkt das schlechte Gewissen: „Und ich hab gedacht, ich könnte mich auf dich verlassen, wenn es darauf ankommt."

Voraussetzung ist aber auch hier: Ich muss mir ein Bild vom anderen machen. Ich muss überlegen: Was löst mein Ansinnen bei ihm aus? Also:

- Welche Einstellungen hat er (gegenüber dem Gegenstand, mir gegenüber, gegenüber sich selbst)?

- Welches „Selbstkonzept" hat er (Konfliktfähigkeit, Entschlussfähigkeit, Ängste, Hoffnungen ...?)

Und damit verbunden:

- Welche Bedingungen im sozialen Umfeld beeinflussen sein Denken, Fühlen, Handeln?
- Welche ganz konkreten Ziele hat er hier und jetzt? Erst danach überlege ich: Was sage ich wie?

Ein paar handfeste Strategien

Entwickeln Sie Rollenspielsituationen, in denen Konflikte zu erwarten sind. Die Rollenspieler bekommen vor dem Spiel ein Kärtchen, auf dem eine der folgenden Strategien steht. Sie haben die Aufgabe, diese Strategie mindestens einmal während des Gesprächs anzuwenden.

Modifikation: Der Leiter „schiebt" je nach Stand des Gesprächs einem der Rollenspieler ein solches (gerade geeignetes) Aufgabenkärtchen zu. Voraussetzung: Die Strategien müssen vorher besprochen worden sein.

1. **Kehrseiten-Strategie** („Ja – aber"): An jeder Argumentation gibt es etwas zu bemängeln: Entweder wurden nur die Vorteile oder nur die Nachteile genannt. Mit der Kehrseiten-Strategie stimme ich zunächst meinem Gegner zu („Was Sie da an Vorteilen nennen, mag ja stimmen ..."), dann decke ich die falsche / lückenhafte Seite seiner Argumentation auf („... aber Sie haben vergessen, die vielen Nachteile zu nennen, z.B. ...").
2. **Scheinstützen-Strategie:** Ich widerspreche der Argumentation meines Gegners nicht, sondern stütze seine These durch neue Argumente. Erst danach bringe ich meine Gegenargumentation ein: „Für Ihre Behauptung spricht noch x und y. Aber alle diese Argumente können mich nicht überzeugen, denn ...".
   Durch die Scheinstützen-Strategie erwecke ich den Eindruck, als habe ich den gegnerischen Standpunkt noch genauer durchdacht als der Gegner selbst.
3. **Mitfahrer-Strategie:** Ich behaupte, dass meine Meinung von der Mehrheit oder einer angesehenen Minderheit ebenfalls vertreten wird.
   Dadurch dränge ich meinen Gegner in die Rolle des Außenseiters, falls er sich nicht meinen Vorstellungen anschließt, also nicht auf den fahrenden Zug aufspringt, in dem bereits „die Prominenz" sitzt: „Jeder friedliebende Mensch ...", „die deutsche Jugend ...", „die ganze Professorenschaft ...".

4. **Isolierungs-Strategie:** Der „negative Mitfahrer“: Eine Person oder Gruppe wird als Außenseiter hingestellt: „Nur einige sogenannte Friedensfreunde meinen ...“.
5. **Projektions-Strategie:** Ich ziehe Analogieschlüsse: projiziere also bestimmte Handlungen oder Ereignisse auf eine aktuelle oder mögliche Situation: „Die Preise für Gemüse sind insgesamt gestiegen, also wird auch das Obst bald teurer werden.“
6. **Inkulpations-Strategie** (Beschuldigung): Ich mache dem anderen mit meiner Äußerung ein schlechtes Gewissen: „Wenn du dich nicht an diesem Streik beteiligst, trägst du dazu bei, dass die Arbeitgeber mit uns machen, was sie wollen.“
7. **Übertreibungs-Strategie:** Ich verallgemeinere, übertreibe, stelle Einzelfälle als symptomatisch, allgemeingültig, typisch dar: „Sieh Dir den an. Typisch Mann!“

Fragen an den „Verwender“:

- Warum haben Sie diese Strategie gerade an dieser Stelle angewendet?
- Was haben Sie tatsächlich erreicht?

Fragen an den „Betroffenen“:

- Wie hat diese Strategie auf Sie gewirkt?
- Wie konnten Sie sich zur Wehr setzen

Rhetorische Erkenntnisse
Diese Strategien sind zum Teil sehr wirkungsvoll, weil sie von den Schwächen des anderen ausgehen. Schuh / Watzke (1994) meinen zu den Strategien 3–7: „Die folgenden Argumentationstechniken muss man kennen, um sie zurückweisen zu können. Ein fairer Diskussionspartner wendet sie nicht an“ (S. 147). Wir sagen dazu: Stimmt! Aber kennt nicht jeder von uns Situationen, in denen meine Voraussetzungen und meine Ziele diese Mittel „heiligen“? Das sollten Sie diskutieren.

Genaueres bei: Schuh, H., Watzke, W. 1994.

Argumentieren in hierarchischen Situationen

Entwickeln Sie Rollenspielsituationen, in denen der Kooperationssuchende in untergeordneter (abhängiger) Position ist. Zwei geeignete Situationen:

- die Bitte um Gehaltserhöhung,
- die Bitte um Änderung der Dienstpläne.

Eine Bedingung für den „Übergeordneten“: Das Kooperationsansinnen seines Untergebenen widerspricht seinen eigenen Plänen oder bringt ihn gegenüber Dritten in Schwierigkeiten. Nutzen Sie als Kooperationssuchende alle erarbeiteten Mittel. Sie sollten alles versuchen, um zum Erfolg zu kommen!

Rhetorische Erkenntnisse
Voraussetzung für den Erfolg in einem solchen Dialog ist, dass man über Machtmittel verfügt, die das Gefälle in etwa ausgleichen. Solche Mittel sind z. B.:

- Wissen um Schwächen, um Anfälligkeiten (Fehler) des anderen
- Soziale Stärke: Solidarisierung mit anderen

Kapitel 2 | Jetzt rede ich!

7. Baustein

Das Fundament – Systematik der Rede-Rhetorik

TIPP

Die klassische Rhetorik nach Cicero und Quintilian hat für die Rede-Rhetorik eine Systematik entwickelt, die noch heute ein ausgezeichnetes Instrumentarium zur Vorbereitung einer Rede darstellt. Sie ist aber auch zur Analyse von Reden sehr gut geeignet und gibt uns damit eine gute systematische Grundlage für ein Feedback in Redeseminaren.

Zur Sache

Die Redevorbereitung

Cicero empfiehlt folgende Vorbereitungsschritte:

- **inventio:** Die Suche nach den geeigneten **Redeinhalten**. WAS sage ich?
- **dispositio:** Die **Gliederung** der Rede. Wie ordne ich diese Inhalte?
- **elocutio**: Wie ist die **sprachliche Gestaltung** der Rede? (Sprachstil: Syntax, Wortwahl).
- **actio:** Der **Sprechstil**. Wie präsentiere ich diese Rede?
- **memoria:** Wie gestalte ich mein Redemanuskript?

Die Redeanalyse

Aus dieser Systematik ergeben sich die Analyse- und Feedback-Kriterien. Wir unterscheiden da zwei Beobachtungsebenen:

1. **die Verständlichkeit,**
2. **die Wirksamkeit.**

Die folgende Tabelle könnte zu Beginn eines Rede-Seminars vorgestellt und dann für alle sichtbar (auf einem Flipchart, an der Wand) veröffentlicht werden. So bekommen die Feedbacks der Teilnehmer von vornherein eine klare Struktur.

Die Inhalte (inventio)

- Verständlichkeit
  - War das dem Wissensstand der Zuhörer angemessen?
- Wirksamkeit
  - Wurde das Interesse der Zuhörer getroffen / geweckt?
  - Wurden ihre Einstellungen bedacht? (Waren die Inhalte zustimmungsfähig?)

Die Redegliederung (dispositio)

- Verständlichkeit
  - Ist der Aufbau klar/übersichtlich?
  - Wurden die Hörer von einem Gedanken in den nächsten „geführt"? (Operatoren / Überleitungen / Anknüpfungen)
- Wirksamkeit
  - Wurde die Bereitschaft zum Zuhören gefördert?
  - Wurde Spannung aufgebaut und gehalten?

Der Sprachstil (elocutio)

- Verständlichkeit
  - Sprechstil oder Schreibstil?
    - Syntax
      - Satzlänge
      - Komplexität der Sätze
    - Wortwahl
      - dem Wissensstand / den sprachlichen Voraussetzungen der Hörer entsprechend (z. B. Fachsprache)?
      - anschaulich?
- Wirksamkeit
  - Gab es überraschende sprachliche Wendungen / Pointen?

Die Präsentation (actio)

- Verständlichkeit
  - Wurde gut artikuliert?
  - Waren Sprechtempo und Pausen angemessen?
  - Haben zusätzliche Visualisierungen das Verstehen erleichtert?

- Wirksamkeit
  - Wurde die Bereitschaft zum Zuhören gefördert?
  - Wurde die Zustimmungsfähigkeit gefördert? Wurden die Hörer „mitgerissen“, „begeistert“?
  - War die Körpersprache angemessen und wirkungsvoll?
    - Blickkontakt
    - Gestik, Mimik

Das Manuskript (memoria)

- War das vorliegende Redemanuskript eine brauchbare Grundlage? Empfehlungen zur Gestaltung eines Redemanuskriptes werden wir im Baustein 10 erörtern.

Nach: Cicero: Vom Redner. Übersetzt und herausgegeben von Raphael Kühner, (tredition) Hamburg 2011

Die Redetypen

Wir unterscheiden je nach Anlass und Ziel drei Redetypen:

Die Sachrede

(z. B. Vortrag, Vorlesung, Referat)
Redeziel: **primär kognitiv**
Vermittlung von Informationen, Wissen, Fakten.
Anregung zum Mitdenken.

Die Meinungsrede (Überzeugungsrede)

(z. B. politische Rede, Predigt, Werberede)
Redeziel: primär kognitiv-emotional
Vermittlung von Meinungen und Wertungen
Anregung zum Mitdenken (Mitwerten) und Mitfühlen.
Aufforderung zum Mithandeln, zum „Mit-dabei-Sein“.

Anlassrede

(z. B. Einweihungsrede, Trauerrede, Jubiläumsrede, Geburtstagsrede, Festrede)
Ziel: primär emotional

Vermittlung von Emotionen, Anregung zum Mitfühlen.

Für detailliertere Informationen: Ueding, G., Steinbrink, B. 2011.

8. Baustein

Das linke Wort am rechten Platz – Wortwahl

Zur Sache

In diesem Baustein schlagen wir Übungen zur sprachlichen Gestaltung einer Rede vor, also zur **elocutio**.

Abb. 8: Flimmerkiste

Welchen Begriff verwenden Sie, wenn von dem abgebildeten Gerät die Rede ist? Wahrscheinlich werden Sie in verschiedenen Situationen unterschiedliche Ausdrücke gebrauchen. Am Abend zu den Kindern: „Die *Flimmerkiste* wird heute nicht eingeschaltet!" Am Telefon zum Reparaturdienst: „Unser *Fernseher* geht nicht mehr."

Zwei Grundprinzipien der Rhetorik spielen bei der Auswahl der Begriffe eine wichtige Rolle: die Verständlichkeit und die Wirksamkeit.

Zur Verständlichkeit:
Fragen Sie in Ihrem Bekanntenkreis nach, wer von ihnen ein *audiovisuelles Flüssigkeitskristallgerät* kennt. Sicherlich ist die häufigste Antwort: „Verstehe ich nicht …"

Noch deutlicher wird dieser Sachverhalt, wenn man Zeuge eines Fachgespräches wird. Z. B. unter Zimmerleuten: Da geht es um Fette, um Riegel, um Stiele, die man mit Hilfe von Zangen unters Rehm setzen will oder so ähnlich.

Und wie herrlich ist es, wenn man als Laie zwischen Computerfreaks sitzt. Oder sich ohne Vorkenntnisse ein elektronisches Gerät kaufen will.

Spezialvokabular beweist ohne Zweifel die enorme Fachkompetenz eines Referenten, aber es ist meistens nur für sehr wenige Zuhörer verständlich, oder man braucht als Zuhörer viel Zeit zum Verstehen und gerät beim Zuhören in Rückstand.

Zur Wirksamkeit:
Nehmen wir das Wort „Sommerferien“. Dieses Wort hat, zumindest auf Lehrer und Schüler, eine sehr deutliche Wirkung: Es ruft positive Gefühle und Assoziationen hervor Eine ganz andere Wirkung hat z. B. das Wort „Krankheit“. Die Wirksamkeit einzelner Wörter oder Wortverbindungen ist darin begründet, dass sie nicht nur eine nüchterne Bedeutung haben, sondern einen „Bedeutungshof“. Er umgreift typische Zusammenhänge, in denen uns das Wort begegnet. In ihm wird nicht nur unser Wissen aktiviert, sondern es werden auch Gefühle und Wertungen geweckt. Wörter werden gezielt eingesetzt (oder auch neu geprägt), weil sie bestimmte Gefühle und Wertungen freisetzen, weil sie geeignet sind, Fakten zu verschleiern, zu verharmlosen und zu beschönigen oder zu verstärken, zu verunglimpfen und negative Assoziationen dazu zu produzieren.

Euphemismen (Beschönigungen, Verschleierungen): *Entsorgungspark* für *Atommülldeponie, alternative Verhörmethoden* für *Folter, Freistellung* für *Entlassung, Beschäftigungsschwund* für *Steigerung der Arbeitslosigkeit.*

Suchen Sie weitere Beispiele.

Pejorationen (Abwertungen, Verunglimpfungen): *Makkaronifresser, Jüngelchen, Pfaffe, Betschwester.*

Sie finden bestimmt weitere Beispiele.

Trainingsformen

Das Fachsprachenspiel

> „Die voluminöse Expansion des subterraren Agrarproduktes der Spezies „solanum tubero-sum“ steht in reziproker Relation zur intellektuellen Kapazität des es produzierenden agrar-ökonomischen Individuums.“

Na klar? Hinter dieser Fremdwortkaskade versteckt sich das Sprichwort vom dümmsten Bauern mit den dicksten Kartoffeln.

In der Gruppe wird ein Spiel daraus: Jeder fertigt die „Übersetzung“ eines Sprichwortes oder eines Liedanfanges an. Anschließend werden die Texte in der Gruppe von ihrem Urheber vorgelesen.

Rhetorische Erkenntnisse
Spezialvokabular macht nur dem Spaß, der es auch versteht. Wenn Sie Ihre Zuhörer erreichen wollen, müssen Sie Wörter und Umschreibungen wählen, die diese Zuhörer auch verstehen!

Wortfeldspiele

Variante A:
Suchen Sie möglichst viele andere Begriffe (Synonyme) für die Verben *sterben, gehen, sprechen, leben* …

Variante B:
Suchen Sie Synonyme für *Lehrer, Fahrrad, Auto, Hund, Wohnung* … Natürlich auch aufwertende, abwertende und verschleiernde!

Methode: Brainstorming. Sammeln Sie diese Begriffe auf dem Flipchart. Sprechen Sie über die (oft feinen) Bedeutungsunterschiede

- Welche Gefühle und Assoziationen lösen die einzelnen Begriffe aus?
- In welchen Zusammenhängen (Situationen) sind welche Wörter angemessen? (Sätze bilden).

Das Verfremdungsspiel

Ein junger Mann mit Plastiktasche geht mit schnellem Schritt auf ein hübsches Mädchen zu, das **auf einer Bank im Stadtpark sitzt.** Er beugt sich zu ihr hinunter, **flüstert** ihr **Zärtlichkeiten** ins **Ohr** und **zieht** sie am **Arm** hoch. Sie **lächelt, streichelt** ihm **durch das Gesicht** und **geht** mit ihm **untergehakt** davon.

Ersetzen Sie alle fett gedruckten Formulierungen

1. durch beschönigende und edel klingende Begriffe oder Umschreibungen,
2. durch herabsetzende Begriffe oder Umschreibungen.

Lesen Sie diese Texte in der Gruppe vor.

Frage an die Zuhörer: Welche Stimmungen bzw. Einstellungen lösen die Texte in Ihnen aus?

Rhetorische Erkenntnisse
Bei der Auswahl bestimmter Begriffe sollten Sie sich darüber klar sein, welche Wirkungen sie erzielen (könnten), also welche Gefühle und Wertungen diese Wörter bei Ihren Hörern erzeugen. Achten Sie darauf, dass die Wirkung in Einklang mit Ihrem Redezweck steht!

Veränderungen

BEISPIEL

Kieselrot
Bei der Gewinnung von Kupfer entsteht das sogenannte „Kieselrot". Unter diesem Produktnamen wurde der Stoff bis 1968 vertrieben. Durch Messungen und Gutachten wurde festgestellt: „Kieselrot" ist hoch mit Dioxinen und Furanen belastet. Daher kann nicht ausgeschlossen werden, dass „Kieselrot" der Umwelt schadet und die Gesundheit gefährdet, jedenfalls langfristig.
Die Landesregierung ist deshalb nach wie vor der Auffassung: Wir müssen Kieselrot aus der Umwelt entfernen, und zwar möglichst schnell,

aber auch möglichst sicher. Dabei sind wir gebunden an einen entsprechenden Erlass vom Oktober 1991. Er behandelt den Umgang mit „Kieselrot“, Sofortmaßnahmen, die Sanierung, die Kosten, und schließlich die Zusammenarbeit der betreffenden Behörden. Im Rahmen dieses Erlasses werden wir sanieren, und zwar mit dem einen Ziel: Von Kieselrot-Plätzen darf keine Gefahr mehr für die Gesundheit ausgehen. Dieses Ziel können wir sicher nur erreichen, wenn wir die belasteten Bodenbestandteile austauschen und umweltverträglich entsorgen. Alle anderen Maßnahmen können nur vorläufige Maßnahmen sein. Es reicht also nicht, wenn wir z.B. die Oberfläche eines Sportplatzes abdecken. Früher oder später muss das „Kieselrot“ endgültig entsorgt werden.

Verändern Sie diesen Text so, dass er sich für folgende Publikationen eignet:

1. für eine bekannte Boulevard-Zeitung,
2. als Mitteilung und Diskussionsgrundlage vor einer Sitzung des Stadtrates,
3. als Flugblatt für eine Stadtteilinitiative.

Sie können folgende Änderungen vornehmen:

- Ersetzen einzelner Wörter durch „angemessenere“,
- Hinzufügen von Wörtern (z.B. Attributen) oder auch Wortgruppen,
- Weglassen von Wörtern oder Wortgruppen.

Inhaltlich sollten Sie keine Änderungen vornehmen.

Rhetorische Erkenntnisse

Wenn man Begriffe verändert, weglässt oder hinzufügt, dann verändert man auch die Inhalte. Der Text wird ein anderer, er erzielt jeweils eine andere Wirkung:

- Er weckt Aufmerksamkeit,
- er erwirkt Zustimmung,
- oder er provoziert Ablehnung.

9. Baustein

Gut verständlich – Schreiben fürs Sprechen

Auch dieser Baustein bezieht sich auf die sprachliche Gestaltung der Rede, also auf die **elocutio**.

Zur Sache

Zum Einstieg in diesen Abschnitt ein Satz aus einer Internetmeldung:

> In Moskau wurden derweil, so eine Meldung der russischen Nachrichtenagentur ITAR-TASS, bei einer nicht von der Polizei genehmigten Gedenkveranstaltung für zivile Opfer des Ukraine-Konflikts insgesamt 25 Demonstranten und Störer festgenommen.

Wenn Sie das lesen, können Sie den Sinn dieser Meldung durchaus verstehen. Wenn nicht beim ersten Lesen, dann beim zweiten.

Wenn Sie das so hören, z. B. im Radio, wird es schon schwieriger. Sie können den Satz ja nicht zurückspulen. Und was man beim ersten Hören nicht versteht, ist gewissermaßen „im Äther verschwunden". Schon für einen versierten Nachrichtensprecher ist es nur schwer möglich, diesen Satz sinnvermittelnd zu sprechen. Die beiden Verbteile (*wurden … festgenommen*) driften weit auseinander. Zwischen Ihnen steht jede Menge Information.

- Der Sprecher muss den Satz auf einen Atem sprechen. Eine Atempause würde die Verbteile „auseinander reißen".
- Wo soll der Sprecher die tragenden Akzente setzen? Jede der vielen Informationen zwischen den Verbteilen scheint wichtig zu sein.
- Der Sprecher muss zwischen **wurden** und **festgenommen** einen melodischen Spannungsbogen halten. Und das ist kaum möglich.

Der Satz enthält fünf Informationen:

1. Die russische Nachrichtenagentur ITAR-TASS hat folgende Meldung veröffentlicht:
2. In Moskau wurden 25 Demonstranten und Störer festgenommen.

3. Sie hatten an einer Gedenkveranstaltung teilgenommen,
4. die den zivilen Opfern des Ukraine-Konfliktes galt.
5. Diese Veranstaltung hatte die Polizei nicht genehmigt.

Das ist so zwar nicht elegant formuliert, lässt sich aber sehr gut sprechen und auch gut verstehen. Warum?

1. **Es gibt nur eine Hauptinformation pro Sinnschritt.** Wir sprechen im Folgenden nicht von Satz, sondern von Sinnschritt, denn auch ein Nebensatz ist eine semantische Einheit.
2. **Die Sinnschritte sind reihend angeordnet**, das heißt: Ein Satzglied folgt auf das andere oder geht aus dem anderen hervor.
3. **Komplizierte nominale Ergänzungen** (*nicht von der Polizei genehmigte Gedenkveranstaltung*) **sind jetzt aufgelöst** und bilden einen eigenen Sinnschritt.
4. **Der Hörer wird von einem Gedanken in den nächsten geführt:** Im Text gibt es einen Hinweis auf **das Kommende**: *folgende Meldung*. Solche Hinweise oder teasings können auch ganze Sätze sein:
   - Ich gebe Ihnen hier einen kurzen Überblick über das, was geschehen ist.
   - Ich nenne Ihnen im Folgenden drei Gründe ...
   - Was ich Ihnen jetzt sage, mag merkwürdig klingen ...

Diese Hinweise bereiten die Hörer vor, sie steuern seine Aufmerksamkeit, sie reduzieren die Informationsmenge des folgenden Textes.

Zu Beginn eines Sinnschritts steht ein Überleitungspartikel, ein sogenannter Operator, hier: *Diese Veranstaltung.*

Solche wörtlichen Anknüpfungen an den vorhergehenden Gedanken haben ebenfalls die Funktion, den Hörer zu führen und ihm das Verstehen zu erleichtern.

Das Wiederholen von Begriffen oder auch Namen ist zwar im Schreibjournalismus verpönt, beim Formulieren von Sprechtexten aber sehr zu empfehlen. Also auf Synonyme verzichten: Bundespräsident, Staatsoberhaupt, Landesfürst, der erste Mann im Staat. Eine solche Bezeichnungsvariation zeugt zwar von einem reichen Wortschatz, ist aber für einen Hörer schwer verdaulich.

Bauen wir unseren Text kurz um:

In Moskau wurden 25 Demonstranten und Störer festgenommen, **weil** sie an einer Veranstaltung teilgenommen hatten, **in der sie** der zivilen Opfer gedenken wollten, **die** im Ukraine-Konflikt zu beklagen sind. **Der Grund für die Festnahme**: Die Veranstaltung war von der Polizei nicht genehmigt worden.

Die Operatoren können also auch **Konjunktionen** sein (hier *denn*, andere: *weil, aber, oder, und …*), **Relativpronomen** oder auch **ganze Sinnschritte**. Sie alle steuern die Erwartung des Hörers in eine bestimmte Richtung, die kommende Aussage wird bereits „entworfen“: Wenn er *und* hört, weiß er: Es kommt eine Ergänzung, *aber* signalisiert ihm eine Einschränkung oder einen Widerspruch. Dadurch reduziert sich die Informationsmenge.

5. **Kleinere Sinneinheiten oder sogar Wortblöcke könnten ohne Schwierigkeiten einfach angehängt werden:**
   Sie hatten an einer Gedenkveranstaltung teilgenommen
   für die zivilen Opfern des Ukraine-Konfliktes.

   Die Veranstaltung war nicht angemeldet worden
   bei der Moskauer Polizeibehörde.

Es gibt noch ein paar andere Regeln für das Formulieren von Sprechtexten: Dazu ein anderes wundervoll kompliziertes Beispiel:

> Als Fazit aus der Studie empfehlen die amerikanischen Wissenschaftler für die Zukunft, alle Möglichkeiten der Züchtung bei den Getreide- und Hülsenfrüchten auf eine geringe Empfindlichkeit gegenüber dem ansteigenden CO2-Gehalt der Luft auszuschöpfen.

(Aus einer Tageszeitung)

Wieder ein Satz, wie man ihn gerne im Radio hört. Oder? Er ist lang, er birgt eine Fülle von Informationen auf engem Raum, die nicht reihend angeordnet sind etc. Das hatten wir alles schon. Aber es gibt noch ein paar andere Hindernisse fürs Hörverstehen: komplizierte Nominalkonstruktionen: *Empfehlung, die Möglichkeit der Züchtung …, eine geringe Empfindlichkeit etc.*

Das macht das Ganze äußerst abstrakt und wenig zugänglich. Außerdem verlangen die Nomen Betonungen. Dadurch kommt es zu Akzenthäufungen. Die Regel lautet:

6. **Nominalkonstruktionen in Verben überführen.**
7. **Die Konjunktion ‚dass‘** zieht meistens einen sehr langen Nebensatz nach sich, und das Verb gerät zwangsläufig ans Satzende. Es empfiehlt sich, diese **Konjunktion ‚dass’ durch einen Doppelpunkt zu ersetzen.** Dann steht auch

das **Verb** weit **vorne**. Und das Verb ist in einem guten Sprechtext häufig der entscheidende Informationsträger.

8. Auch eine **Passivkonstruktion** birgt ihre Probleme. Weniger auf der Ebene der Verständlichkeit. Sie ist mehr ein kommunikationspsychologisches Problem: Politiker mogeln sich durch solche Formulierungen gern aus der Verantwortung.

Berücksichtigen wir einmal alle acht Regeln und bringen die „Empfehlung der amerikanischen Wissenschaftler" in eine sprechbare Form:

> Das Fazit dieser Studie ist also:
> Es ist möglich, Getreide und Hülsenfrüchte zu züchten,
> die den CO2-Gehalt der Luft besser vertragen,
> auch wenn dieser CO2-Gehalt permanent ansteigt.
> Die amerikanischen Wissenschaftler empfehlen:
> Die Landwirte sollten diese Möglichkeiten konsequenter ausschöpfen.

Zugegeben: Wir haben den Text ein wenig modifiziert. Aber wir wollten eben alle Regeln anwenden.

ZUSAMMENFASSUNG

Die Regeln noch einmal im Überblick:

- Sätze entflechten
  - möglichst nur eine Hauptaussage pro Sinneinheit
  - Satzgefüge „linear" anordnen (keine Schachtelsätze)
- Operatoren (Anschlusspartikel) verwenden
  - also: den Hörer von einem Gedanken in den nächsten führen
  - deshalb: Operatoren möglichst weit nach vorne
- das Verb so weit wie möglich nach vorne
  - keine Angst vorm Anhängen
  - „Freistellungen" wirken als Hervorhebungen
- Nominalphrasen auflösen (Nomen „ziehen Akzente an")
  - möglichst Nomen in Verben überführen
- die Konjunktion „dass" möglichst durch einen Doppelpunkt ersetzen
- Passiv durch Aktiv ersetzen.

Wer das genauer haben will: Pawlowski, K. 2004, 32–46.

Ein langes Stück theoretischer Einführung, aber hoffentlich so praktisch verwendbar, dass Sie jetzt mühelos die folgenden Übungsaufgaben erledigen können.

Trainingsformen

Das Kleingedruckte

Warum lesen wir nicht gern das Kleingedruckte?

Gruppenarbeit
Formulieren Sie die folgenden Texte so um, dass man sie beim Hören verstehen kann. Dabei wird es nötig sein, die Texte ein wenig umzukrempeln.

BEISPIEL

Widerruf
Bei einem Widerruf dieses Vertrages haben wir Ihnen alle Zahlungen, die Sie uns geleistet haben, einschließlich der Kosten für die Lieferung (mit Ausnahme zusätzlich anfallender Kosten, die sich ergeben können, wenn Sie eine andere Lieferungsart als die von uns angebotene Standardlieferung wünschen), spätestens binnen vierzehn Tagen zurückzuzahlen, von dem Datum an, zu dem Ihr Widerruf dieses Vertrages bei uns eingegangen ist. Das Zahlungsmittel für diese Rückzahlung ist das gleiche, das Sie bei Ihrer Transaktion eingesetzt haben, wenn wir mit Ihnen nicht eine andere Regelung vereinbart haben. In keinem Fall werden wir Ihnen wegen dieser Rückzahlung Entgelte berechnen.
Mängel an den Waren oder Abweichungen vom Kaufvertrag gelten als zum Zeitpunkt des Übergangs bestehend, wenn sie innerhalb von 6 Monaten nach Übergang bekannt gemacht werden. Nach dieser Frist geht die Beweislast dafür, dass die Abweichung vom Kaufvertrag oder Mängel an den Waren zum Zeitpunkt des Übergangs bestanden haben, auf den Verbraucher über.

Reiserücktrittsversicherung
Der Versicherungsschutz für die versicherten Reisen beginnt mit der Reise-Buchung und endet mit dem Reise-Antritt, spätestens mit dem vereinbarten Ende des Versicherungsvertrages. Voraussetzung dafür, dass Versicherungsschutz gilt, ist, dass die Reisen innerhalb des versicherten Zeitraums gebucht wurden. Wurden die Reisen vor dem versicherten Zeitraum gebucht, besteht ein Versicherungsschutz in dem Fall, dass zwischen dem Vertragsbeginn und dem Reiseantritt min-

destens 30 Tage liegen oder der Vertragsabschluss am Tag der Reisebuchung vorgenommen wird. Für einen Jahresschutz gilt, dass, wenn das Versicherungsjahr vor Antritt der versicherten Reise endet, der Versicherungsschutz weiter besteht, wenn vom Versicherungsnehmer der Versicherungsvertrag nicht gekündigt worden ist.

Zeitungsmeldungen

Machen Sie aus Zeitungsmeldungen (harten Nachrichten) Kurzmeldungen für den Hörfunk. Präsentieren Sie diese Sprechtexte im Plenum. Zwei Beispiele:

BEISPIEL

Ohrstöpsel als Risiko im Verkehr
Angesichts einer steigenden Zahl an Verkehrstoten warnt das Bundesverkehrsministerium jetzt sogar Fußgänger vor einer Nutzung von Kopfhörern im Straßenverkehr. Diese Verkehrsteilnehmer seien in zunehmendem Maße durch das Hören von Musik über die Kopfhörer abgelenkt. Herannahende Pkw, Busse, aber auch Straßenbahnen würden aufgrund der Lautstärke, mit der die Musik meistens auf die Ohren dieser Fußgänger einwirkt, nicht mehr gehört werden können.
Mangelnde Aufmerksamkeit sei ein großes Verkehrsrisiko. Das Statistische Bundesamt registriert in zunehmendem Maße tödlich verlaufende Unfälle mit Fußgängern, die im Straßenverkehr durch das Hören von Musik abgelenkt waren. Für Autofahrer und Radfahrer sind Kopfhörer bereits verboten. Vor einem Kopfhörerverbot auch für Fußgänger schreckt das Ministerium jedoch offensichtlich noch zurück.

Fledermäuse stören
Der für kommende Woche geplante Beginn der Abrissarbeiten des Südflügels am Stuttgarter Hauptbahnhof könnte durch Fledermäuse verhindert werden. Die Bauherrin, die Deutsche Bahn AG, müsse sicherstellen, dass durch den Lärm und die Erschütterungen beim Abbruch des Bauwerkes die Fledermäuse im benachbarten Schlossgarten nicht in ihrer Winterruhe gestört würden, teilte das Eisenbahnbundesamt mit. Diese Genehmigungsbehörde für die Bahn betonte ausdrücklich, artenschutzrechtliche Konflikte sollten ausgeschlossen werden. Die Bahn sei verpflichtet, solche Konflikte durch geeignete Maßnahmen zu vermeiden.

Die Fledermäuse, deren Winterruhe geschützt werden soll, leben in den alten Bäumen, deren Fällung Voraussetzung für den Abriss ist. Die Win-terruhe der dort wohnenden Fledermausarten dauert mindestens bis Anfang März.

10. Baustein

Der sanfte Weg zum Stichwortzettel – Strukturiert aufschreiben

TIPP

Dieser Baustein ist für uns die Grundlage jedes Rede-Seminars, jedes Re-de-Coachings. Er stellt eine große Hilfe bei der Erarbeitung von Texten und Redemanuskripten dar.

Der Stichwortzettel gehört in der Systematik der Rhetorik zur **memoria**. Aus methodischen Gründen fügen wir den Baustein hier ein, obgleich die Bausteine 8, 9 und 11 sich mit der sprachlichen Gestaltung (elocutio) beschäftigen.

Zur Sache

Wer etwas vortragen muss, stellt sich oft die Frage: Mache ich mir nur Stichwörter, oder spreche ich lieber nach einem ausformulierten Manuskript? Vor allem dann, wenn ich über ein kompliziertes Thema sprechen muss und wenn es auf präzise Formulierungen ankommt.

Sich vom festen Text lösen zu können, wäre schön, aber kann ich mich auf meine Stichwörter verlassen, finde ich das passende Wort, wenn es da nicht auf dem Papier steht?

Andererseits: Wenn ich vom ausformulierten Manuskript ablese, klingt das meist auch so: abgelesen. Und wenn ich mal aufschaue, Blickkontakt mit meinen Zuhörern suche? Finde ich wieder ins Manuskript? Und wenn mir während des Redens etwas einfällt? Und wenn ich merke: Ich muss meine Rede kürzen?

Wir haben eine Methode entwickelt, die zunächst davon ausgeht, dass der Redetext vollständig ausformuliert wird.

Aber die einzelnen Textelemente werden so angeordnet, dass sie wie eine Textgrafik vor Ihnen auf dem Pult liegen, eine Textpartitur, in der Sie sich beim Vortragen frei bewegen können.

Mehr dazu: Pawlowski, K. 2004, 55–69.

BEISPIEL

Unser Textbeispiel

Die Polizei hat 89 Tiefkühlhäuser überprüft, und zwar im Regierungsbezirk Stuttgart. Bei dieser Überprüfung gab es erhebliche Beanstandungen, und das in fast der Hälfte aller Betriebe: Die hygienischen Zustände in den Kühlhäusern waren oft untragbar. Die Kühlware wurde unsachgemäß gelagert, häufig in viel zu großen Kühlboxen, teilweise mit gedrosselter Temperatur. Häufig war das Mindesthaltbarkeitsdatum überschritten. Besonders skandalös: Aufgetautes Fleisch wurde als Frischfleisch verkauft. Bei Wildprodukten hatte man die Datumsetiketten einfach entfernt oder durch neue ersetzt. Die Polizei hat reagiert: Sie zog 24 t Tiefkühlware vorübergehend aus dem Verkehr. Davon wurden rund 7 t als Viehfutter verwendet oder vernichtet. Regelmäßige Überprüfungen sind angekündigt.

Schritt 1: Besser lesbar wird der Text bereits dann, wenn jede Sinneinheit in eine neue Zeile kommt. Sinneinheiten sind selbstverständlich auch Nebensätze.

Die Polizei hat 89 Tiefkühlhäuser überprüft,
und zwar im Regierungsbezirk Stuttgart.
Bei dieser Überprüfung gab es erhebliche Beanstandungen,
und das in fast der Hälfte aller Betriebe.
Die hygienischen Zustände in den Kühlhäusern waren oft untragbar,
die Kühlware wurde unsachgemäß gelagert,
häufig in viel zu großen Kühlboxen,
teilweise mit gedrosselter Temperatur.
Häufig war das Mindesthaltbarkeitsdatum überschritten.
Besonders skandalös:
Aufgetautes Fleisch wurde als Frischfleisch verkauft.
Bei Wildprodukten hatte man die Datumsetiketten einfach entfernt
oder durch neue ersetzt.
Die Polizei hat reagiert:
Sie zog 24 t Tiefkühlware vorübergehend aus dem Verkehr.

Davon wurden rund 7 t als Viehfutter verwendet oder vernichtet.
Regelmäßige Überprüfungen sind angekündigt.

Vorteile:

- Die Augen können den Anfang jeder Sinneinheit wieder finden.
- Der Sprecher kann sich leichter vom Text lösen und Blickkontakt herstellen.
- Der Sprecher kann den Sinn jedes Schrittes im Zusammenhang erfassen und entsprechend vortragen.

Außerdem kann man Satzungetüme in einem solchen Schema kaum unterbringen. Eine – zugegeben sehr einfache – Formel: Was nicht in eine Zeile geht, sollte man umformulieren.

Schritt 2: Jede inhaltliche Einheit wird nach rechts eingerückt, je nach ihrer textsemantischen Zuordnung zur vorhergehenden.

Die Polizei hat 89 Tiefkühlhäuser überprüft,
    und zwar im Regierungsbezirk Stuttgart.

Bei dieser Überprüfung gab es erhebliche Beanstandungen,
    und das in fast der Hälfte aller Betriebe:
        Die hygienischen Zustände waren zum Teil untragbar.
        Die Kühlware wurde unsachgemäß gelagert.
        Häufig war das Mindesthaltbarkeitsdatum überschritten.
        Besonders skandalös:
            Aufgetautes Fleisch wurde als Frischfleisch verkauft.
            Bei Wildprodukten hatte man die Datumsetiketten
                einfach entfernt
                oder durch neue ersetzt.
Die Polizei hat reagiert:
    Sie zog 24t Tiefkühlware aus dem Verkehr.
            Davon wurden rund 7t
                als Viehfutter verwendet
                oder vernichtet.
    Regelmäßige Überprüfungen sind angekündigt.

Die Regeln für dieses Verfahren:

- Die jeweils untergeordnete Sinneinheit wird nach hinten eingerückt.

- Die Verknüpfungselemente (Operatoren) werden so weit wie möglich nach vorne platziert und hervorgehoben. So findet das Auge sofort den Übergang, also die inhaltliche Anknüpfung zur nächsten Sinneinheit.
- Aufzählungen (Operatoren *und / oder*) sind ja gleich geordnet. Sie werden deshalb gleich weit eingerückt. Bei einer Aufzählung innerhalb einer Sinneinheit (**als Viehfutter verwendet / oder vernichtet**) brechen wir diese Einheit bewusst und stellen die Aufzählungen frei, damit das Auge sie als Einheit erfassen kann. Eventuell will der Sprecher ja spontan eine der Einheiten weglassen oder eine neue hinzufügen.
- Ein neuer Hauptgedanke beginnt wieder vorne. So entstehen größere gedankliche Blöcke (Gliederungseinheiten), die das Auge im Zusammenhang erfassen kann (hier: *1. Polizei durchsucht …, 2. Sie findet …, 3. Sie handelt …*).
- Wenn die jeweilige Sinneinheit zu lang ist und keine Vereinfachung möglich ist, „läuft" sie in die nächste Zeile „um", und zwar auf gleicher Höhe.
- Zur besseren Orientierung, z.B. bei Aufzählungen oder „umlaufenden" Zeilen, empfiehlt es sich, den neuen Anfang der Sinneinheit durch einen Spiegelstrich oder einen Haken zu markieren.

Schritt 3: Der Stichwortzettel

Von dieser Form der Manuskriptgestaltung ist es nur noch ein kleiner Schritt zu einem brauchbaren Stichwortzettel.

Ein paar Regeln:

Alles hinschreiben, was einem während der Rede vielleicht nicht einfällt:
- den ersten Satz
- Veranschaulichungen
  - Bilder
  - Vergleiche
  - Wortspiele
- Verben in den richtigen Flexionsformen
- Operatoren (Überleitungen)
  - diese sollten optisch hervorgehoben werden.

Reg.-Bez. Stuttgart
überprüft Polizei 89 Tiefkühlhäuser
        <u>davon</u> fast die Hälfte beanstandet
                Mängelliste:
                        hygienische Zustände z.T. untragbar
                        Ware unsachgemäß gelagert

Mindesthaltbarkeitsdatum überschritten
besonders skandalös
aufgetautes Fleisch = Frischfleisch verkauft
bei Wildprodukten
Datumsetiketten
entfernt
ersetzt
erste Maßnahme der Polizei
24t aus dem Verkehr gezogen
davon 7t
als Tierfutter verwendet
oder vernichtet
Überprüfungen angekündigt.

Trainingsformen

BEISPIEL

Übungstext 1

Sieben Archäologen aus den Niederlanden wollen sich in die Eisenzeit zurückversetzen, für zwei lange Wintermonate. Deshalb werden sie am 16. Januar in ein Bauernhaus einziehen, das extra für diesen Zweck rekonstruiert wurde: ohne Strom, ohne Heizung, ohne Wasseranschluss. Für dieses Experiment hat das Team bewusst den Winter ausgesucht. Das Ganze soll ja kein Urlaub werden.
Wichtigstes Ziel der außergewöhnlichen Zeitreise: Sie soll die Frage beantworten helfen: Wie viel Kalorien brauchten Menschen der Eisenzeit zum Leben? Entsprechend wurde auch der Speiseplan rekonstruiert. In der Speisekammer lagern Bohnen, Erbsen, getrocknete Äpfel, Säcke mit Korn, denn das Brot backen die Zeitreisenden selbstverständlich selber. Eine Ziege wird für frische Milch sorgen. Außerdem wollen sie zwei Schafe schlachten, und sie werden nach Wurzeln graben, damit auch etwas Frisches auf den Tisch kommt.
Aber auch sonst wird es ausgesprochen eisenzeitlich zugehen. Z.B., was Körperpflege und Hygiene angeht: Wer sich waschen will, muss dies am Ufer des Sees tun. Dabei ist Seife tabu. Toilettenpapier gibt es auch nicht. Das größte Problem werden Nässe und Kälte sein. Zwar gibt es eine wärmende Feuerstelle im Haus. Aber Medikamente kannte man in der Eisenzeit nicht. Wenn jemand ernsthaft krank wird, muss er das Experiment abbrechen.

Aber es soll nicht nur das tägliche Überleben rekonstruiert werden. Das Forscherteam will einen Baumstamm aushöhlen, um daraus ein Floß zu bauen. Vielleicht, um zurückkehren zu können aus der Eisenzeit ins 20. Jahrhundert.

1. Dieser Text wird zunächst von einem Teilnehmer vorgelesen.
2. Aus diesem Fließtext wird eine Textpartitur nach dem Verfahren „strukturiert aufschreiben" angefertigt. Das gelingt natürlich am besten, wenn die Teilnehmer einen Computer oder Laptop zur Verfügung haben, auf den sie vor der Übung den Text kopieren. Dann können sie mühelos mit dem Cursor die entsprechenden Textteile einrücken.
3. Ist die Partitur fertig, hält ein Teilnehmer diesen kleinen Vortrag vor dem Plenum.
4. Ein anderer Teilnehmer bekommt die Aufgabe, die Information möglichst kurz zu fassen. Als Grundlage dient die vorliegende Partitur.
5. Ein Dritter soll das Ganze möglichst ausführlich darstellen, also mit Beispielen, Zusatz-Informationen anreichern, und zwar spontan anhand seiner Redepartitur.

Die Vorteile dieser Textgestaltungsmethode werden schnell erkannt:

Rhetorische Erkenntnisse

1. Sie haben nicht mehr einen fortlaufenden Text vor sich, sondern das **Bild** eines Textes, eine Textgrafik, eine Textpartitur und können mit einem Blick die Gliederungsblöcke und die Zuordnungen erkennen.
2. In dieser Grafik können Sie sich relativ frei bewegen, können Gedanken weglassen, wenn Sie kürzen müssen. Sie können etwas spontan hinzufügen ohne im Manuskript herumzustreichen, ohne es neu zu schreiben.
3. Das Vortragen der Texte fällt leichter. Obwohl der Text ausformuliert vorliegt, hört sich das Ganze eher wie frei formuliert an.
4. Wenn Sie ein Redemanuskript auf diese Weise vorbereiten, werden Sie gezwungen, fürs Sprechen zu formulieren (Baustein 9).
5. Sie erkennen schon während der Anfertigung des Manuskripts, ob Sie die Zuordnungen und Unterordnungen für den Hörer plausibel herausgearbeitet haben.

BEISPIEL

Übungstext 2

Ein Einwohner der Stadt Marlboro im US-Bundesstaat New Jersey verursacht den lokalen Behörden und der Polizei Kopfzerbrechen. Seit Joseph Januszkiewcz die Jungfrau Maria einmal im Monat erscheint, pilgern Tausende zu seinem Haus. Sie belagern den Hinterhof und die unmittelbare Umgebung des Sehers. An einem einzigen Wochenende mussten 7000 Heilsuchende davon abgehalten werden, Nachbargrundstücke zu besetzen und Straßen zu blockieren.

Der Run auf die neue Kultstätte ist eine große Herausforderung für die kleine Stadt.

Da muss die öffentliche Ruhe und Ordnung gewährleistet sein. Dazu sind an den heißen Wochenenden 74 Polizisten im Einsatz. „Freiwillige Notfallgruppen“ müssen zusätzliche Ampeln aufstellen. Ein gewaltiger Stress für die lokalen Ordnungshüter.

Und dann die immensen Kosten. Pro Marienerscheinung kommen da zwischen 15 000 und 20 000 Dollar zusammen. „Das ist mehr, als ein Polizeiauto kostet“, beschwert sich der Finanzchef der Stadt, Robert Albertson. „So viel geben wir normalerweise für einen mittelschweren Schneesturm aus.“ Hinzu kommt die medizinische Versorgung. Außerdem müssen natürlich öffentliche Toiletten aufgestellt werden.

Das wird noch ein weiteres Loch in das 14-Millionen-Dollar-Budget der Stadt reißen.

Der lakonische Kommentar eines Polizisten vor Ort: „Das Beste wird sein, wir fangen an, Rosenkränze zu verkaufen.“ Jesses Maria.

1. Dieser Text wird strukturiert aufgeschrieben.
2. Dann wird er auf Stichwörter verkürzt.
3. Auf der Basis dieses Stichwortzettels halten die Teilnehmer kleine Reden in unterschiedlichen Rollen, z.B.
   - der Polizeichef berichtet vor Kollegen,
   - ein Mitglied des Stadtrates nimmt in der Ratsversammlung Stellung,
   - der Pfarrer von Marlboro hält eine Predigt.

Es gibt da eine Menge möglicher Rollen, in die die Teilnehmer schlüpfen können. Natürlich können die Redner ihre Stichwortkonzepte je nach ihrer Rolle ausgestalten.

Wichtig ist: Dieser Stichwortzettel sollte nach dem Verfahren „strukturiert aufschreiben“ gestaltet sein.

11. Baustein

Der Wein sei trocken, nicht die Rede – Anschaulichkeit

Auch in diesem Baustein geht es um die Gestaltung der sprachlichen Form in der Rede, also um die **elocutio.**

Zur Sache

„Das Hoheitsgebiet des Tschad umfasst 1 284 000 km².“

Eine Feststellung, mit der man so nicht viel anfangen kann? Vielleicht hilft es wenn man sagt: Das ist etwa fünfmal so groß wie die Fläche der Bundesrepublik. Oder vielleicht ist das hier noch besser:

Abb. 9: Bundesrepublik Deutschland und Tschad

Viele Sachverhalte, mit denen wir uns heute beschäftigen (oder beschäftigen müssen), sind abstrakt oder komplex. Damit sie trotzdem zu verstehen sind, sollten Sie sie veranschaulichen. Das heißt, Sie sollten sie für den Hörer erfahrbar – oder noch besser: *begreifbar* machen. Er muss an seine Erfahrungen anknüpfen können, die Angelegenheit sinnlich fassen können. Das Beispiel oben ist auf einen deutschen Hörer / Betrachter zugeschnitten. Er kann es recht gut erfassen, dagegen kann ein Inder sehr viel weniger damit anfangen.

Sprachliche Mittel zur Veranschaulichung sind bildhafte Ausdrücke (Vergleiche, Metaphern) und Beispiele (z.B. das Anknüpfen an eigenes Erleben). Daneben kann man nicht-sprachliche Mittel einsetzen, z. B. Grafiken (wie oben), Modelle, PowerPoint-Präsentation. Dazu mehr in Baustein 20, wenn es um Sachreden, also Referate, Vorträge usw. geht.

Trainingsformen

Übungen zur Ausschmückung

Übungsanweisung

Vollenden Sie die angefangenen Sätze in unseren Beispielsätzen. Finden Sie nach Möglichkeit mehrere Lösungen!

BEISPIEL

Die Wie-Übung
Er lief so schnell **wie ein Hase auf der Flucht.**
Er sang so laut wie ...
Sie schminkte sich wie ...
Der Mann torkelte wie ...
Die Z.B.-Übung
Sei lieb zu deinem Kind, z.B. **lobe es öfters.**
Tu was zum Schutz der Umwelt, z.B. ...
Er war ein Verbrecher, z.B. ...
Ich ernähre mich bewusst gesund, z.B. ...

Sammeln Sie in der Gruppe weitere Satzanfänge zu den einzelnen Übungen. Finden Sie jeweils mehrere Lösungen. Vergleichen Sie die Ergebnisse!

Nennen Sie für jede Satzerweiterung eine Situation, zu der diese Veranschaulichung passen könnte!

Rhetorische Erkenntnisse

1. In vielen Fällen lässt sich mit einfachen sprachlichen Mitteln eine größere Anschaulichkeit erzielen. Mehr Anschaulichkeit macht eine Rede lebendiger, sie motiviert zum Zuhören, und sie erleichtert das Verständnis.
2. Auch Veranschaulichungen sind situationsgebunden: Kontext und Ziel einer Aussage bestimmen die Möglichkeiten zur wirkungsvollen Ausschmückung

Übungen zur Veranschaulichung

Ein ausgezeichnetes Mittel zur Veranschaulichung ist immer noch das Beispiel, das an die möglichen Erfahrungen der Zuhörer anknüpft („Stellt Euch vor …", „Ihr kennt ja wohl alle …").

Bei komplexeren Sachverhalten jedoch reichen die sprachlichen Mittel nicht immer aus. Viele Menschen benutzen schon Gesten als Hilfsmittel, wenn relativ einfache Gegenstände beschrieben werden sollen (z. B. eine Wendeltreppe!). Wenn es noch komplizierter wird, greift man häufig auf grafische Darstellungen zurück. Da gibt es vielfältige Präsentationsmöglichkeiten:

1. Eine Skizze am Flipchart ist nicht nur nützlich, sondern oft unerlässlich.
2. Immer häufiger wird die PowerPoint-Präsentation als Veranschaulichungshilfe herangezogen.

Hier gibt es allerdings eine Reihe von Missverständnissen und Stolpersteinen. Wir werden uns in Baustein 18, wenn es um die Sachrede geht, näher mit diesem Mittel zur Veranschaulichung beschäftigen.

Hier ein paar kleine Vorübungen:

BEISPIEL

Physikalische Gesetze
Ein Körper erfährt beim Eintauchen in eine Flüssigkeit einen Auftrieb. Er ist gleich dem Gewicht der verdrängten Flüssigkeitsmenge (Archimedisches Gesetz).

Juristischer Sachverhalt
Weinähnliche Getränke sind alkoholhaltige Getränke, die durch teilweise oder vollständige alkoholische Gärung aus Fruchtsaft, Fruchtmark, jeweils auch in konzentrierter Form, oder Maische von frischen oder mit Kälte haltbar gemachten Früchten, auch in Mischung miteinander, oder aus frischen oder mit Kälte haltbar gemachten Rhabarberstängeln, aus Malzauszügen oder aus Honig sowie im Übrigen nach Maßgabe der Verkehrsauffassung hergestellt werden
(Alkoholhaltige Getränke-Verordnung von 1998).

Fußballsport-Regel
Ein Spieler ist „abseits", wenn sich im Augenblick der Ballabgabe zwischen ihm und der gegnerischen Torlinie nicht mindestens zwei Spieler

der Gegenpartei befinden. In diesem Fall erkennt der Schiedsrichter auf Freistoß für den Gegner.

Gruppenarbeit
Zu jedem Thema sammeln jeweils zwei Gruppen Ideen zur Veranschaulichung: einleuchtende Formulierungen, Beispiele, Zeichnung auf dem Flipchart. Bei der anschließenden Demonstration im Plenum erklärt zunächst ein Gruppenmitglied den Sachverhalt nur mit Worten. Anschließend werden die übrigen Formen der Veranschaulichung eingesetzt. Vergleichen Sie die Veranschaulichungsversuche.

Rhetorische Erkenntnisse
Häufig reicht ein Beispiel, um den gesamten Sachverhalt zu veranschaulichen (Prinzip pars pro toto).

12. Baustein

Es war einmal ... – Erzählen

TIPP

Erzählungen sind vor allem Bestandteil jeder Anlassrede. Aber auch die Wirkung einer Meinungsrede kann wesentlich von der Erzählkunst des Redners abhängen.
Die Spiele dieses Bausteins ergänzen also die Übungen zur Redevorbereitung (Bausteine 19 und 20). Einige können aber auch als Einstiegsübungen, etwa zum Kennenlernen der spezifischen Redesituation (allein vor Hörern) verwendet werden. Durch Veränderung der Erzählperspektive könnte die Situationsabhängigkeit von Erzählungen bewusst gemacht werden (auch Baustein 2: „Der Floh“).

Zur Sache

Erzählen ist auch ein Mittel zur Veranschaulichung. Erzählen ist nicht Berichten, ist mehr als das Mitteilen von Vorgängen. Wenn einer gut erzählen kann, dann versteht er es, einen Vorgang so darzustellen, dass wir ihn nacherleben können. Der Erzähler teilt uns nicht nur seine eigenen Empfindungen oder die Empfindungen der am Vorgang Beteiligten mit. Er weckt in uns ähnliche Empfindungen: Heiterkeit oder Traurigkeit, Spannung oder Erleichterung. Er nimmt (oder reißt) uns also mit in eine Situation.

In einer Rede sind Erzählteile immer dann sinnvoll, wenn besonders die Emotionen der Zuhörer angesprochen werden sollen. Welchen Stellenwert eine gute Erzählung in einer Rede haben kann, wird deutlich, wenn wir uns klar machen, dass wir etwa 80% unserer Entscheidungen aus dem Gefühl heraus treffen, dass unser Gefühl entscheidet, ob wir uns überhaupt kognitiv mit einer Information beschäftigen wollen. Eine Botschaft, welcher Art auch immer, muss zunächst die Schleuse unserer Emotionen passieren. Das sagt uns die TZI von Ruth Cohn, aber noch viel eindrucksvoller und wissenschaftlich fundiert das Neuromarketing. Neuromarketing untersucht die Möglichkeit, Produkte am Markt wirkungsvoll zu platzieren.

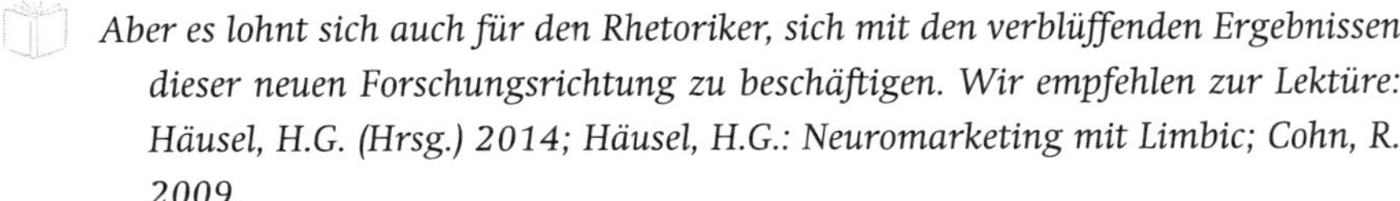

Aber es lohnt sich auch für den Rhetoriker, sich mit den verblüffenden Ergebnissen dieser neuen Forschungsrichtung zu beschäftigen. Wir empfehlen zur Lektüre: Häusel, H.G. (Hrsg.) 2014; Häusel, H.G.: Neuromarketing mit Limbic; Cohn, R. 2009.

Vor allem das Neuromarketing belegt: Aus einer wirkungsvollen Erzählung kann man wirkungsvolle Argumente ziehen (Bausteine 5 und 17). Die Erzählung kann selbst ein wirkungsvolles Argument darstellen.

Die klassische Systematik sieht für den Aufbau einer Rede nach der Einleitung die Erzählung (narratio) vor, und Cicero berichtet in seinem „de oratore“, dass Beklagte für ihre Verteidigungsrede sogar weinende Kinder mit in den Gerichtssaal gebracht hätten, um der Erzählung in ihrer Verteidigungsrede noch mehr Emotionalität und Glaubwürdigkeit zu geben.

Denn wie gesagt: Erst kommt das Bauchgefühl, dann die gedankliche Auseinandersetzung.

Trainingsformen

Bunte Reihe

Abb. 10: Bunte Reihe

Können Sie zwischen diesen Bildern einen inhaltlichen Zusammenhang herstellen? Kommentieren Sie je ein Bild, und schließen Sie mit einer passenden Überleitung an den Kommentar Ihres Vorredners an.

Gruppenarbeit

1. Jede Gruppe stellt aus den Bildern neue Abfolgen her. Sie trägt ihre Erzählung dem Plenum vor.
2. Der Seminarleiter stellt selbst Fotoserien zusammen (PowerPoint).

Film-Kommentare

Ein Video-Clip läuft ohne Ton. Die Teilnehmer kommentieren spontan. Nach drei Sätzen übernimmt der Sitznachbar. Die Zuschauer sollen zum Miterleben angeregt werden.

Perspektivisches Erzählen

(siehe auch Baustein 2: Der Floh)

Abb. 11: Perspektiven

Gruppenarbeit
Die Teilnehmer erzählen eine Geschichte aus der Sicht der unterschiedlichen Beteiligten. Sie beziehen die Zuhörer durch direkte Ansprache in die Erzählung ein, z. B. „Stellt euch vor …“.

Rückwärts erzählen

Erzählen Sie eine bekannte Geschichte (ein Märchen, einen Max-und-Moritz-Streich) rückwärts.

Unterschiedliche Erzählhaltungen

Erzählen Sie eine allen bekannte Geschichte (z. B. den Inhalt der Ballade „Der Erlkönig“) auf unterschiedliche Weise:

- Verwenden Sie nur Fragen und Ausrufe („Wer ist denn das da auf dem Pferd mitten in der Nacht? Ach ja, der Vater. Mensch! Der hat ja ein Kind im Arm …“).
- Erzählen Sie zögernd, unsicher („Das könnte der Vater sein, der da … Vielleicht reitet er in die nächste Kneipe. … Aber hat er nicht ein Kind im Arm? …“).
- Machen Sie das Ganze zu einer Gespenstergeschichte.

- Sie können einen der Beteiligten (hier den Vater) nicht leiden.
- Geben Sie einen sachlichen / wissenschaftlichen Bericht.

Ihnen fallen sicher noch viele Variationsmöglichkeiten ein. Umstellungen, Veränderungen der Handlung sind zulässig.

Redewendungen

Nehmen Sie Redewendungen wörtlich, und spinnen Sie entsprechende Lügengeschichten, z.B. „Da fress ich 'nen Besen". „Ich mach dir gleich Beine." „Da staunst du Bauklötze."

Vorher – nachher

Abb. 12: Momentaufnahme

Was geschah vor dieser Momentaufnahme? Und danach?

Münchhausen-Geschichten

Ein Spiel, bei dem sechs Teilnehmer gemeinsam und aus dem Stegreif eine Lügengeschichte erzählen. Dabei haben sich folgende Regeln bewährt:

- Jeder erzählt in der Ich-Form.
- Jeder erzählt nur zwei Sätze. Danach ruft er seinen Nachfolger auf.
- Der sechste Erzähler muss die Geschichte beenden.

Erzählung als Argument

Der Ausgangspunkt ist ein Zielsatz (Zwecksatz), z. B. „… und deshalb muss ich jetzt ein Bier haben!“ Erfinden Sie dazu eine Erzählung, die für die Zuhörer keinen anderen Schluss als diesen einen zulässt. Andere mögliche Zwecksätze (Argumentanda):

„… und deshalb sollten wir jetzt eine Pause machen!“
„… und deshalb fahre ich diesmal mit der Bahn!“

Gerüchte-Küche

Auch bei diesem Spiel geht es um gemeinsames Erzählen. Einer fängt mit einem einfachen Aussagesatz an, z. B. „Unser Bürgermeister hält sich zu Hause mehrere Katzen!“ Der nächste schmückt diesen Satz aus nach dem Motto „Aus einer Mücke einen Elefanten machen“, z. B. „Unser Bürgermeister hält in seinem Schlafzimmer eine Raubkatze“. So geht es weiter, bis offensichtlich keine Steigerung mehr möglich ist.

Rhetorische Erkenntnisse
Eine gute Erzählung dient in der Rede als „Stimmungsmacher“. Sie ist oft die emotionale Basis für eine wirkungsvolle Argumentation: Sie macht den Hörer betroffen, weckt seine Neugier, seine Bereitschaft mitzudenken. Sie dient häufig selbst als Argument.
Wer mitreißend erzählen will, sollte

1. einen guten Hörerkontakt herstellen:
   - die Hörer beim Sprechen ansehen,
   - sie direkt ansprechen,
   - sie abholen, also an ihre Art zu denken, zu fühlen, zu handeln anknüpfen,
2. trotz aller Spontaneität verständlich sprechen:
   - deutlich artikulieren, nicht hetzen,
   - einen roten Faden knüpfen (z. B. durch einen klaren Zeitablauf: „zunächst … danach … dann endlich“ oder durch Verknüpfen paralleler Episoden: „Egon saß noch beim Essen … Er konnte nicht ahnen, dass zur gleichen Zeit …“),
3. veranschaulichen, Gefühle vermitteln, sich selbst einbringen:
   - Bilder, Beispiele, Vergleiche verwenden,

- Stimmungen und Gefühle durch seinen Sprechausdruck (auch durch Mimik und Gestik) nacherlebbar machen.

13. Baustein

Du nuschelst so! – Artikulation

TIPP

Die folgenden Übungen und Spiele stellen kein Programm dar. Sie sollten als Zwischenschritte oder im Anschluss an eine konkrete Erfahrung eingesetzt werden (z.B. wenn ein Teilnehmer schlecht verstanden wird, weil er undeutlich artikuliert).

In den folgenden drei Bausteinen schlagen wir Übungen zur sprecherischen Präsentation von Reden vor, also zur **actio.**

Zur Sache

Wenn wir die Artikulation eines Sprechers bewerten wollen, haben wir zwei Bereiche im Auge:

1. Die (hochlautliche) Richtigkeit
Als Maßstab gilt die im Duden (Bd. 6) festgelegte Aussprache-Norm.

Nachrichtensprecher oder Bühnenschauspieler sollten möglichst hochlautlich artikulieren.

Für uns in den Niederungen des Kommunikationsalltags ist es wichtig, dass wir verstehen, was wir uns zu sagen haben. Dialektfärbungen und andere Lautbildungseigenarten gehören zu unserer Person. Für manchen Politiker oder Medien-Sprecher ist ihr Dialekt ein „Markenzeichen". Es geht nicht darum, dass wir uns unsere Mundarten abgewöhnen.

Schwierig wird es nur bei starker Dialektbindung. Sie stellt häufig ein schwer überwindliches Hindernis zwischen Sprecher und Hörer dar. Leider nicht nur auf der Ebene der Verständlichkeit. Gibt es nicht Dialekte, die Sie ganz und gar nicht mögen? Wenn Sie ein solcher Sprecher ins Gespräch ziehen möchte, haben Sie plötzlich etwas ganz Wichtiges zu erledigen. Oder?

Dialektbindung hat also durchaus ihre Funktion auf der Ebene der Wirksamkeit: Sie fördert oder verhindert die Verständigungsbereitschaft. Dennoch: Es geht uns hier nicht darum, Dialekte an- oder abzutrainieren.

2. Die artikulatorische Genauigkeit

Man kann auch im Dialekt präzise artikulieren oder auch sehr nuschelig. Das heißt: Die Art, wie einer die Laute „greift" und voneinander abgrenzt, hat nicht unbedingt etwas mit der Hochlautungsnorm zu tun. Nuscheln ist häufig eine viel größere Verständigungsbarriere als die Dialektfärbung. Jeder von uns kennt solche Nuschler:

- die Mundbewegungen sind sehr klein,
- der Mund ist auch bei Lauten wie a, e, ä wenig geöffnet,
- die „gerundeten" Laute (o, ö, u, ü) werden mit den Lippen kaum ausgebildet,
- p, t, k (die Explosiv-Laute) werden fast zu b, d, g,
- Endungen werden grundsätzlich verschluckt,
- Laute werden nicht deutlich gegeneinander abgegrenzt.

Eine Stadt in Norddeutschland mit einem Buchstaben? Em (Emden).
Lich un Luf gib Saf un Kraf.

Nuscheln kann uns beim Zuhören auf die Palme bringen, weil wir uns so stark konzentrieren müssen, wenn wir verstehen wollen, was der andere sagt. Manchmal argwöhnen wir auch, dass uns ein Nuschler überhaupt nichts sagen will. Also spielt auch hier nicht nur die Verständlichkeit, sondern auch die Wirksamkeit eine Rolle. Übrigens: Man kann als Sprecher vor einer großen Gruppe viel Stimmkraft sparen, wenn man deutlich artikuliert. Und: Wer deutlich artikuliert, wirkt präsent und überzeugend.

Trainingsformen

Gymnastik

Rundfahrt

Die Zunge macht eine „Mund-Rundfahrt". Der Kursleiter gibt die Stationen an, z. B. Wir befinden uns jetzt auf den oberen Schneidezähnen, fahren jetzt nach links auf der Schneidefläche der Zähne … (halt da ist bei mir ein Schlagloch) fahren jetzt langsam im Kreis zwischen Zähnen und gespannten Lippen herum, einmal ... noch einmal ...

Kauen

Alle kauen genüsslich und mit offenem Mund, bewegen dabei kräftig den Unterkiefer und die Zunge.

„Kutscher-r" oder „Lanz-Bulldog"

Die Luft wird gegen die locker aufeinander liegenden Lippen geblasen, bis diese im Luftstrom flattern. Als Kind haben wir auf diese Weise Auto gespielt.

Schnelle Zunge, schnelle Lippen

- Die **Zunge** schlägt ganz locker an das obere Zahnfleisch. Es entsteht ein flottes t-t-t-t-, oder d-d-d-d.
  - schneller!
  - Vokale dazwischen: ta-te-ti-to-tu
  - stimmhaft – stimmlos im Wechsel: ta-de-ti-do-tu-da ...
- Die **Lippen** schlagen locker aufeinander: p-p-p-p-, b-b-b-b, pa-pe-pi-po-pu pa-be-pi-bo ...
- Lautfolgen werden kombiniert, z.B. pade, peda, tabe (immer schnell, ganz locker mehrmals hintereinander: padepade padupade ...).

Sprechchor

Alle sprechen im Chor, möglichst schnell aber sehr deutlich artikuliert (die letzte Silbe wird betont): bala**la** bala**le** bala**li** bala**lo** bala**lu** bala**lä** bala**lö** bala**lü** bala**lau** bala**lei** bala**leu**.

Alle Konsonanten eigenen sich für diesen Chor: pala**la** ..., kala**la** ..., tala**la** ...

Übungen zur Artikulationsgenauigkeit

Flüstern

Flüstern ist eine ausgezeichnete Artikulationsübung. Dabei sollte allerdings darauf geachtet werden, dass der Flüsterer nur „auf den Hauch" (also ohne Stimmgeräusche oder Stimmklänge) spricht.

Flüsterübungen können überall eingebaut werden, die methodischen Möglichkeiten sind vielfältig, man kann eine Flüsterdiskussion durchführen, Flüstervorträge halten, es gibt aber auch nette Flüsterspiele z.B.:

- Zwei Teilnehmer stehen (oder sitzen) etwa zwei Meter voneinander entfernt und voneinander abgewandt. Der eine flüstert einen Auftrag (z. B. eine Rechenaufgabe), der andere muss flüsternd paraphrasieren, bevor er den Auftrag ausführt.
- Stille Post als Wettkampf: Zwei (drei, vier) gleichgroße Gruppen versuchen, denselben Satz deutlich durchzuflüstern. Gewonnen hat die Gruppe, die es am schnellsten schafft. Aber: Punktabzug bei Fehlern.

Der Ton ist weg

Ein Teilnehmer spricht ein möglichst allen bekanntes Gedicht oder einen Liedtext ohne Ton. Man sieht also nur die Mundbewegungen. An diesen Mundbewegungen versuchen die Teilnehmer den Text zu erkennen. Auch diese Übung ist durchaus „wettkampffähig".

Mikrofonsprechen

Ein Mikrofon verlangt eine deutliche Artikulation. Zur Übung könnte ein Mikrofon so ungünstig zum Sprecher postiert werden, dass er nur bei sehr präziser Artikulation über dieses Mikro verstanden wird.

Eine sehr realistische Übung, wenn man an große Versammlungen denkt, oder auch zur Vorbereitung auf Videomitschnitte im Seminar, weil das Videomikrofon sich meistens direkt an der Kamera befindet.

Im großen Raum

Versuchen Sie in einem großen Raum vor der Gruppe (die ganz hinten sitzt) sehr verständlich mit möglichst leiser Stimme (natürlich ohne Mikrofon) zu sprechen. Sie werden gerade in dieser Situation feststellen: Wer deutlich artikuliert, braucht weniger Stimmkraft.

Rhetorische Erkenntnisse

Deutliche Artikulation dient nicht nur der Verständlichkeit. Der Sprecher wirkt auch sicher und überzeugend. Außerdem: Wer präzise mit gut sichtbaren Mundbewegungen artikuliert, braucht weniger Stimmkraft.

14. Baustein

Wenn der den Mund aufmacht ... – Sprecherische Eigenheiten

TIPP

Ein problematisches Kapitel. In den Spielen dieses Bausteins geht es um die Sprechgewohnheiten jedes Einzelnen. Viele wissen gar nicht, wie ihre Art zu sprechen auf andere wirkt. Und doch werden sie von anderen häufig als gesamte Person danach beurteilt, wie sie sprechen.
Ohne Zweifel: Unsere sprecherischen Ausdrucksmittel sind Teil unserer Persönlichkeit. Das heißt aber auch: Wenn uns jemand darauf anspricht (was selten geschieht ... warum wohl?), empfinden wir häufig, dass er uns sehr, vielleicht zu nahe tritt. Dennoch: Die drei klassischen rhetorischen Wirkungsmittel sind Gefühle erregen, Argumentieren und ... die Selbstdarstellung. Und die geschieht vor allem durch die Art, wie wir sprechen. Also gehört zu Rhetorik-Seminaren auch eine entsprechende Übung zur Selbsterfahrung. Wichtig für den Übungsleiter:

- Kein Teilnehmer sollte gezwungen werden, sich solch einer Feedback-Übung auszusetzen.
- Der Übungsleiter sollte sich mit seinen eigenen Sprechgewohnheiten ebenfalls der Kritik stellen.

Zur Sache

Eine deutliche Artikulation ist schon sehr hilfreich. Aber wie ist es sonst mit Ihrer Art zu sprechen?

1. Reicht Ihre Stimme aus, um auch beim letzten (müden) Zuhörer anzukommen?
2. Gliedern Sie Ihre Rede mit sinnvollen Pausen, die dem Zuhörer das Mitdenken ermöglichen?
3. Ist Ihr Sprechtempo den Verarbeitungsmöglichkeiten der Hörer angemessen? Er muss Sie beim ersten Zuhören verstehen können.
4. Setzen Sie Ihre Akzente deutlich auf die sinntragenden Wörter (und nur auf diese)? Nur so kann der Hörer den Sinn Ihrer Aussage verstehen.
5. Sprechen Sie mit sinnbezogener Satzmelodie, oder pflegen Sie Ihre Zuhörer sanft in den Schlaf zu leiern?

Trainingsformen

Übertreibung

In einer kleinen Gesprächsrunde bekommt ein Teilnehmer eine bestimmte sprecherische Eigenart zugewiesen, die er während des gesamten Gesprächs durchhalten soll. Den anderen Teilnehmern ist vorher nicht bekannt, wer der „Übertreiber" ist und welche Eigenart er spielt. Folgende Fehlverhaltensweisen sind relativ leicht nachzumachen:

- abgehacktes, stockendes Sprechen,
- lange, häufige Atempausen an völlig ungeeigneten Stellen,
- Häufung schwererer („bedeutsamer") Akzente,
- sehr schnelles Sprechen,
- leises zurückhaltendes Sprechen ohne Höhen und Tiefen.

Die Gesprächsteilnehmer werden einander sehr genau zuhören, denn sie müssen herausfinden, wer der „Übertreiber" ist und was er übertreibt. Möglicherweise tippen sie falsch, weil ein anderer Teilnehmer „von Natur" eine stark störende Eigenart hat. Der „Übertreiber" sollte mitteilen, ob es ihm leicht fiel, diese Eigenart zu spielen, oder ob er lieber eine andere gespielt hätte.

TIPP

Eine verkappte Selbsterfahrungsübung. Sie ist daher nicht unproblematisch: Sprecherische Eigenarten sind eng mit der Persönlichkeit verknüpft. Der Hinweis auf „Störfaktoren" ist in einer Rhetorikübung notwendig, aber er tut weh! Hier empfiehlt sich eine Erinnerung an die Feedbackregeln (Baustein 1).

Einfacher:
Einzelne Teilnehmer werden gebeten, ein kurzes Stück im Zusammenhang zu erzählen oder vorzulesen. Dabei spielen sie bewusst eine der oben genannten Fehlverhaltensweisen.

Zur Auswertung:
Im Mittelpunkt steht die Frage nach der Wirkung dieser Fehler. Zur Orientierung folgende Tabelle:

Tab. 6: Wirkung von sprecherischem Fehlverhalten

Eigenart	Was und wie gut der Hörer versteht	Was der Hörer empfindet	Wie der Sprecher wirkt
stockendes Sprechen	– Sinnzusammenhang wird zerrissen, das Verstehen wird erschwert – starke Konzentration ist nötig	– rasche Ermüdung – Ungeduld – schwindende Zuhörerbereitschaft	– unsicher – (bei großer Sprechgeschwindigkeit) hektisch, zappelig
häufige (hörbare) Atempausen, meist an den falschen Stellen	– Sinnzusammenhang wird zerrissen, das Verstehen wird erschwert	– Atemlosigkeit, Ungeduld (Atemrhythmus des Sprechers überträgt sich auf den des Hörers)	– gehetzt – atemlos – unsicher
Akzenthäufung	– alles scheint gleich wichtig – zum Verstehen ist starke Konzentration nötig	– rasche Ermüdung – das Gefühl, „erschlagen" zu werden – schwindende Bereitschaft zum Mitdenken	– (bei starker Autoritätsgläubigkeit des Hörers) bedeutsam, selbstbewusst – meist aber: übertreibend, dominant, unglaubwürdig
sinnwidrige Akzentsetzung (z.B. auf dem letzten Wort)	– mögliche Missverständnisse – zum Verstehen ist starke Konzentration nötig	– schwindende Bereitschaft zum Mitdenken	– unsicher – nicht sehr sprachgewandt, laienhaft
hohes Sprechtempo (meist verbunden mit undeutlicher Artikulation)	– zu viel Information pro Zeiteinheit – Verarbeitungsmöglichkeiten stark eingeschränkt – zum Verstehen ist starke Konzentration nötig	– rasche Ermüdung – das Gefühl, „überfahren" zu werden	– bei sehr deutlicher Aussprache: sicher, selbstbewusst, kenntnisreich – meist aber: fahrig, hektisch, unzuverlässig

Fortsetzung **Tab. 6:** Wirkung von sprecherischem Fehlverhalten

Eigenart	**Was und wie gut der Hörer versteht**	**Was der Hörer empfindet**	**Wie der Sprecher wirkt**
leises, zurückhaltendes Sprechen	– zum Verstehen ist starke Konzentration nötig	– rasche Ermüdung – das Gefühl, nicht angesprochen zu werden – schwindende Zuhörerbereitschaft	– unsicher
Leiern, also sinnwidrige Melodieführung	– Satzmelodie nicht sinngemäß: zum Verstehen ist starke Konzentration nötig	– rasche Ermüdung – schwindende Zuhörerbereitschaft	– nicht sehr sprachgewandt, laienhaft

Feedback

Kleingruppenübung (erst dann, wenn die Teilnehmer sich etwas kennengelernt haben): Einer aus der Gruppe fragt die anderen: „Wie erlebt ihr mich, wenn ich spreche?" Die anderen sollten möglichst präzise ihre Beobachtungen und Empfindungen mitteilen.

Wichtig:

1. Die Feedback-Formel lautet: „Ich erlebe / höre dich so ..." Nicht: „Du sprichst so ..."
2. Die Wahrnehmungen beziehen sich nur auf das Sprechverhalten.

Nachdem alle ihre Wahrnehmungen mitgeteilt haben, sagt der „Betroffene", wie er dieses Feedback erlebt hat und wie er selbst sein Sprechverhalten einschätzt. Wer sich auf diesen „heißen Stuhl" setzt, tut das freiwillig, weil er etwas über sich wissen will.

Spielen mit Pausen und Akzenten

Geflügelte Worte

In „geflügelten Worten“, Redensarten, Sprichwörtern, Zitaten, Werbesprüchen, Filmtiteln usw. werden Akzente und Pausen verändert.

Akzente:
Heute so, **mor**gen so.
Ich gäb‘ was drum, wenn ich nur wüsst‘, wer **heut‘** der Herr gewesen ist (Gretchen in Goethes „Faust“).

Pausen:
Der kluge Mann denkt an sich / selbst zuletzt.

Gemischt:
Halt deinen Mund → **Halt** / deinen Mund
Sein oder Nicht-Sein das ist hier die Frage
→ Sein **Oder** / nicht sein **Das** / ist hier die Frage.

Ein schönes Gesellschaftsspiel, in dem die sinngebende Funktion von Pausen und Akzenten deutlich wird.

Sätze durchspielen

Beliebige Sätze können systematisch durchgespielt werden.

Akzente:
Paul sitzt auf Mutters Hut.
Paul **sitzt** auf Mutters Hut.
Paul sitzt **auf** Mutters Hut.
Paul sitzt auf **Mutters** Hut.
Paul sitzt auf Mutters **Hut**.

Jeder Versuch wird mit dem möglichen Kontext kommentiert, z.B.: Paul **sitzt** auf Mutters Hut. (Er könnte auch darauf *stehen*.)

Pausen

Geht doch nicht immer zu den Krankenschwestern.
Geht doch nicht / immer zu den Krankenschwestern.
Geht doch nicht immer zu den Kranken / Schwestern.

Arbeit mit Texten

Die Erfahrungen mit Akzenten, Pausen und der Melodieführung können bei der Gestaltung kleiner Texte genutzt werden.
Besonders geeignet sind Texte, die als solche erst durch das Sprechen ihren Sinn bekommen, z. B. die Sprach-Collage „ein fall“:

ein fall
ein fall ein ein fall na ja der schlag ein zu schlag ein schlag schlag zu zu schlag schlag schlag noch einmal ein schlag zu schlag nicht doch ein ein schlag ein schlag schlag schlag nur der fall fall zu fall zu fall

Entscheidung
Ich geh da aber nicht rein gar nichts gibt's da nichts nichts was sich lohnt da rein zu gehen heute morgen irgendwann gehe ich da rein aber nicht allein deswegen gehe ich heute so aber nicht rein.

Roulette
nichts nichts geht nichts geht mehr nichts geht mehr damit
nichts geht mehr damit heute nichts geht mehr damit heute morgen nichts geht

Wir haben diese Sprach-Collagen ohne den ursprünglichen Zeilenfall zitiert, damit sie für Gestaltungsversuche offen ist. Es gibt viele Möglichkeiten, die Wörter zu fügen und durch unterschiedliche Pausensetzung, durch Akzentverschiebung, durch Änderung der Melodieführung diesem Text einen bestimmten Sinn zu geben. Mit Hilfe geeigneter Zeichen (Unterstreichung, Schrägstrich) können Sie eine „Sprechpartitur“ erstellen. Bei dieser Arbeit am Text wird aber auch deutlich, dass fast zwangsläufig noch andere Sprechausdrucksmerkmale eine Rolle spielen (z. B. Sprechtempo, Lautstärke, Stimmklang) und dass durch bewussten Einsatz dieser Mittel zusätzliche, z.T. sehr differenzierte Effekte erzielt werden können.

Kleine methodische „Anstöße“:

- ein fáll / ein éinfall? / na? / ja dér / schlag éin!
- ich? / géh da / aber nicht réin
- nicht / nichts geht / nichts / geht mehr?

Eine solche Textgestaltungsübung eignet sich gut zur Gruppenarbeit. Jede Gruppe erarbeitet Regieanweisungen nach dem Muster oben und trägt ihre

Fassung den anderen vor. Weitere Texte, die sich gut für eine solche Arbeit eignen:

E. Jandl: Familienfoto, in: der künstliche baum, (Luchterhand) Darmstadt 1975, S. 60
E. Jandl: die automate, in: ebda., S. 61
R.W. Biermann: Kleinstadtsommer. in: Die Drahtharfe. Balladen, Gedichte, Lieder, (Wagenbach) Berlin 1965, S. 20.
Fündig wird man auch in: Nehm, G.: Verspektiven, (Fischer) Frankfurt 2006

Übungen zum Sprechtempo

1. Einer liest vor der Gruppe einen Informationstext, und zwar so, dass jeder sich Notizen machen kann. Wer nicht mitkommt, macht den Sprecher darauf aufmerksam.
2. Einer hält einen Sachvortrag (Baustein 18) auf die gleiche Weise.
3. Ein Text wird durch Pausen gegliedert, z. B.:

BEISPIEL

Der Sterntaler
Es war einmal ein kleines Mädchen, dem waren Vater und Mutter gestorben, und es war so arm, dass es kein Kämmerchen mehr hatte, darin zu wohnen, und kein Bettchen mehr, darin zu schlafen, und endlich gar nichts mehr als die Kleider auf dem Leib und ein Stückchen Brot in der Hand, das ihm ein mitleidiges Herz geschenkt hatte. Es war aber gut und fromm. Und weil es so von aller Welt verlassen war, ging es im Vertrauen auf den lieben Gott hinaus ins Feld. Da begegnete ihm ein armer Mann, der sprach: „Ach, gib mir etwas zu Essen, ich bin so hungrig." Es reichte ihm das ganze Stückchen Brot und sagte: „Gott segne dir's", und ging weiter. Da kam ein Kind, das jammerte und sprach: „Es friert mich so an meinem Kopfe, schenk mir etwas, womit ich es bedecken kann." Da tat es seine Mütze ab und gab sie ihm. Und als es noch eine Weile gegangen war, kam wieder ein Kind und hatte kein Leibchen an und fror, da gab es ihm seins; und noch weiter, da bat eins um ein Röcklein, das gab es auch von sich hin. Endlich gelangte es in einen Wald, und es war schon dunkel geworden, da kam noch eins und bat um ein Hemdlein, und das fromme Mädchen dachte: ‚Es ist dunkle Nacht, da sieht dich niemand, du kannst wohl dein Hemd weggeben', und gab es auch noch hin. Und wie es so stand und gar nichts mehr hatte, fielen auf einmal die Sterne vom Himmel und es waren lauter harte, blanke Taler;

und ob es gleich sein Hemdlein weggegeben, so hatte es ein neues an, und das war von allerfeinstem Linnen. Da sammelte es sich die Taler hinein und war reich für sein Lebtag.

Aus: Märchen der Gebrüder Grimm. Knaurs Märchenbücher, Berlin 1937, S. 325–326

Einer liest den Text vor. Seine Aufgabe: Die Pausen sollen möglichst lange gehalten werden. Dabei muss die Stimme so geführt werden, dass trotz der langen Pausen die Spannung erhalten bleibt.

Blickkontakt-Übung

Der Text oben eignet sich gut für eine Übung zum Blickkontakt:

1. Der Vorleser überblickt den Sinnschritt bis zur Pausenmarkierung, hebt dann den Kopf, blickt seine Zuhörer an, senkt den Blick zum Ende seiner Sprechphase, nimmt den nächsten Sinnschritt in sich auf, hebt wieder den Kopf ... usw.
2. Noch schwerer: Wer dieses Blickkontakt-Lesen einigermaßen beherrscht, kann an den Pausenstellen kleine Kommentare einfließen lassen, z.B. „Das ist ja nicht zu fassen ...“.

Blickkontakt-Übungen können auch im Zusammenhang mit Baustein 10 gemacht werden.

15. Baustein

Der Ton macht die Musik – Sprechausdruck

TIPP

Die Bausteine 14 und 15 sind unmittelbar aufeinander bezogen. In Baustein 14 geht es um die Überprüfung und Erweiterung der eigenen sprecherischen Fähigkeiten. In Baustein 15 sollen diese Fähigkeiten in unterschiedlichen Situationen angemessen angewendet werden. Also zwei Seiten einer Medaille. Die Spiele in den Bausteinen 14 und 15 sind also durchaus kombinierbar. Voraussetzung für das Gelingen dieser Spielübungen ist eine möglichst freie und ungezwungene Atmosphäre. Das Spiel „Was ist los mit Perlemann" ist auch als Einstieg für den ersten Abend eines Kurses gut geeignet. Perlemann wird allen unvergessen bleiben.

Zur Sache

Wenn irgendjemand irgendetwas sagt, dann tut er das auf eine ganz bestimmte Weise: freundlich, liebevoll, als ironische Frage, zornig-erregt usw. Und häufig ist dabei der Ton wichtiger als das, was inhaltlich gesagt wird. Schauen wir uns kurz die einzelnen Sprechausdrucksmittel an:

1. **Klangliche (oder melodische) Mittel**
   - Stimmlage (hoch – tief)
   - Sprechmelodie (bewegt – gleichförmig / fragend, befehlend ...)
   - Stimmklang (hell – dunkel, weich – hart, weit – eng ...)
2. **Dynamische Mittel**
   - Lautstärke
   - Betonung (Akzentsetzung)
   - Intensität (Spannung)
3. **Mittel der zeitlichen Gliederung**
   - Sprechtempo
   - Pausen
4. **Artikulatorische Mittel**
   - Deutlichkeit der Lautkombinationen.

Mit Hilfe dieser Mittel kann der Sprecher das zum Ausdruck bringen, was ihm je nach Sprechsituation angemessen erscheint, z. B.

- einer Aussage eine bestimmte Bedeutung geben: etwa durch entsprechende Akzentsetzung: „Peter **kommt** morgen."
- seine körperliche oder seelische Befindlichkeit ausdrücken: etwa Freude darüber, dass Peter kommt;
- seine Einstellung gegenüber dem Gegenstand seiner Aussage verdeutlichen, etwa: „Peter (*der unangenehme Mensch*) kommt morgen."
- mitteilen, was er vom Hörer will, etwa: *„(Beeil dich)* Peter kommt morgen."
- seine Beziehung zum Hörer ausdrücken, z. B. *„(Ätsch, das geschieht dir recht)* Peter kommt morgen!"

Ob er in der Lage ist, das, was er fühlt und denkt, dem anderen sprecherisch zu verdeutlichen, hängt davon ab, wie variabel er die notwendigen Sprechausdrucksmittel einsetzen kann (dazu Baustein 7).

Mehr dazu: Pawlowski, K. 2004, 140–161.

Trainingsformen

Sprech-Collage

Eine Gruppe von sechs bis zwölf Spielern stellt sich in einer Reihe auf. Der Spielleiter gibt einen Satz vor, z. B. „Das war alles ganz anders." oder „Wir müssen unbedingt etwas tun." Nun modifizieren die Spieler der Reihe nach diesen Ausspruch durch

- Lautstärke,
- Akzentverschiebungen,
- Sprechtempo,
- Melodieführung,

dann durch unterschiedliche Sprechausdruckshaltungen:

- fröhlich,
- traurig,
- aggressiv,
- nachdenklich

und was Ihnen sonst noch einfällt. Im nächsten Durchgang streuen Sie assoziativ neue Aussagen ein, z. B.: „Ich bin sicher …" oder „Was Sie nicht sagen …". Auch Wiederholungen der Aussage als Geräuschkulisse sind möglich.

Sie können auch zwei Reihen bilden, die sich gegenüber stehen. Dann laufen die Aussprüche im Zickzack von Gegenüber zu Gegenüber. Anschließend können Sie die Reihenformation aufgeben, Dreier-, Vierer- und Fünfergruppen bilden, Durcheinanderlaufen usw. Überhaupt: Der Phantasie sind keine Grenzen gesetzt. Nimmt sich eine Gruppe etwas mehr Zeit, kann man auf diese Weise eine ganze „Sprech-Motette" komponieren und aufzeichnen.

Das Ausdrucks-Rollenspiel

Suchen Sie in der Gruppe einen Text aus, der allen auswendig bekannt ist („Hänschen klein …") oder der allen schriftlich vorliegt (Zeitungsartikel, Gedicht). Jeder übt diesen Text in einer der verschiedenen Rollen ein, z. B. als

- Sportreporter,
- Unteroffizier,
- Prediger,
- Klatschtante,
- Marktschreier,
- Nachrichtensprecher,
- Sprecherin auf einem Navigationsgerät.

Textergänzungen sind möglich (z. B. Sportreporter: „Da sehen wir den kleinen Hans … Ganz alleine …"). Der Text stellt lediglich die Übungsgrundlage dar.

Anschließend wird der Text in den verschiedenen Rollen vorgetragen. Wenn man die Rollen auf Kärtchen schreibt und jeweils verdeckt ziehen lässt, weiß keiner vom anderen, welche Rolle er darstellen soll. Auf diese Weise kann das Publikum raten, was jeweils dargestellt wird.

Rhetorische Erkenntnisse
Bei beiden Spielen ist der inhaltliche Aspekt von Sprache zurückgetreten hinter den Sprechausdruck, d.h. es war gar nicht so wichtig, was gesagt wurde, sondern es war wichtiger, wie es gesagt wurde. Der Sprechausdruck prägt sehr wesentlich den Sinn des Gesprochenen: Der Ton macht die Musik! Diese Tatsache wird in der Realität oft verkannt. Die Aussage „Er ist doch ein alter Gauner!" muss keine Beleidigung sein. Sie kann auch, je nach Sprechausdruck, eine liebevolle Anerkennung sein. Allerdings ist der Sprechausdruck nicht so eindeutig wie der Inhalt.

Was ist los mit Perlemann?

Textgrundlage (für alle Spieler austeilen):

BEISPIEL

A: *Perlemann kommt übrigens nicht.*
B: Wieso denn das?
A: *Keine Ahnung. Er hat vorhin hier angerufen und gesagt, dass er nicht kann.*
B: Aber das kann doch nicht wahr sein! – Hat er sonst nichts gesagt? Warum er nicht kann?
A: *Er hat nur gesagt, er kann nicht.*
B: Ja, und hast du nicht mal nachgefragt?
A: *Ach Gott.*
B: Du hättest ja wenigstens mal nachfragen können.
A: *Hätte ich (?)*
B: Und warum hast du nicht nachgefragt?
A: *Ist das denn so wichtig?*
B: Schon gut.

Der Text birgt Rätsel über Rätsel: Wer ist Perlemann? Wer sind die Personen, die über ihn sprechen? Verstehen sie sich? Oder reden sie aneinander vorbei? Sind sie sauer, dass er nicht kommt? Oder ist nur einer sauer? Vielleicht freuen sie sich sogar? Wo findet das Gespräch überhaupt statt?

Bereiten Sie in Zweiergruppen diesen Text vor. Überlegen Sie sich eine Sprechsituation, und legen Sie fest, wie Sie den Text vortragen wollen! Anschließend spielen alle Gruppen ihre Perlemann-Inszenierung vor.

Rhetorische Erkenntnisse
An der Perlemann-Szene wird klar, ähnlich wie bei den drei vorhergehenden Spielen, wie wesentlich der Sprechausdruck das Textverständnis und den Sinnzusammenhang prägt. Besonders in Alltagssituationen spielt der Sprechausdruck eine wichtige Rolle. Allerdings ist seine Wirkung interpretationsfähig. Zur richtigen Einordnung des Sprechausdrucks ist es deshalb notwendig, sich die jeweilige Sprechsituation (2. Baustein) vor Augen zu führen.

16. Baustein

So seh ich Dich – Körpersprache

TIPP

In diesem Baustein ist eine Video-Aufzeichnung unerlässlich. Es gibt zunächst ein paar kleine spielerische Übungen zur Gestik, Mimik, Körperhaltung ganz allgemein. Danach schlagen wir eine Übung zur Körpersprache am Rednerpult vor.

Zur Sache

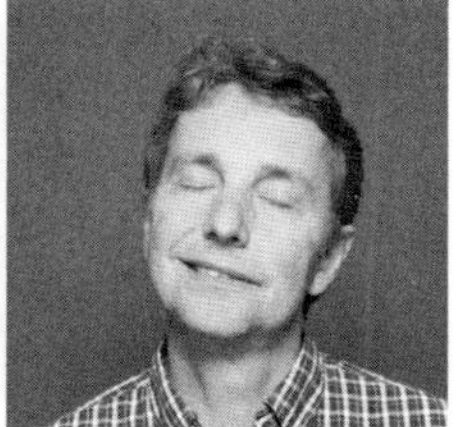

Abb. 13–15: Sichtbare Wirkung

Stellen Sie sich vor:

Unmittelbar vor Anfertigung dieser Fotos ist den drei Personen mitgeteilt worden: „Ihr Auto war falsch geparkt und ist von einem Lkw zu Schrott gefahren worden!" Was geht im Kopf der ersten Person vor? Was im Kopf der zweiten, der dritten?

Gesichter können eine Menge verraten. Allein durch Betrachtung der Fotos können Sie vermuten, wessen Auto neu und teuer war und wer den ältesten Schlitten fuhr. Doch nicht nur das Gesicht allein verrät etwas. Nicht umsonst spricht man von der „Körpersprache". Mit bestimmten Bewegungen (Gestik, Mimik) können wir eine Menge ausdrücken:

1. was wir empfinden, z. B.:
   - Begeisterung (in die Hände klatschen)
   - Erschütterung (Hände vors Gesicht schlagen)

2. was wir vom anderen halten, z. B.:
   - Du bist ein Spinner! (Vogel zeigen)
   - Ich mag dich! (Lippen zum Kuss formen)
3. was wir vom anderen wollen, z. B.:
   - Komm her! (heranholende Armbewegung)
   - Lass mich in Ruhe! (abweisende Handbewegung).

Schließlich kann Gestik auch dazu dienen, Sachverhalte anschaulich und leichter verständlich zu machen: Wer eine „Wendeltreppe“ beschreiben soll, kann das mühelos mit einer Geste.

Mimik, Gestik und Körperhaltung sind also wichtige Begleiter im Gespräch und in der Rede. Entsprechen sie nicht den Bedingungen der Situation, ist die beabsichtigte Wirkung infrage gestellt: Bei einer Trauerfeier wird sich der Redner nicht lächelnd-lässig ans Pult lehnen.

Hier stellt sich die Frage: Gibt es Regeln zur Körpersprache am Rednerpult? Es gibt Redner, für die scheint das Pult der einzige Halt zu sein, so klammern sie sich daran. Andere stehen neben dem Pult und sprechen frei in den Raum hinein. Einige unterstreichen ihre Rede mit ausholenden Gesten. Andere sind da eher sparsam. Grundsätzlich gilt: Jeder hat seine eigene Art der Körpersprache. Sie gehört zu ihm wie seine Stimme.

Sie können ausdrucksvolles Reden nur bedingt vor dem Spiegel lernen, und Sie sollten sich keinen Redegestus antrainieren, der nicht zu Ihnen passt. Eines aber sollten Sie üben: Den Blickkontakt mit dem Publikum. So lange Sie Ihr Publikum im Blick haben, halten Sie die Zuhörspannung aufrecht. Da können Sie sich auch eine längere Sprechpause leisten (Bausteine 10 und 15).

Wer mehr dazu wissen will: Heilmann, Ch. M. 2011.

Trainingsformen

Das Chefetagen-Spiel

Abb. 16 und 17: Reaktionen

Dieses Spiel eignet sich gut zur Kleingruppen-Arbeit. Stellen Sie sich vor, die Personen auf den Fotos sind

- die Schulleitung einer Schule,
- die Chefs einer Firma,
- der Vorstand eines Vereins,
- die Professoren eines Seminars,
- die Sprecher der Arbeitgeber-Tarifkommission.

Erfinden Sie in jeder Gruppe eine kleine Nachrichten-Story, die den Herren die abgebildeten Reaktionen entlocken könnten. Lesen Sie anschließend die Geschichten im Plenum vor, oder besser noch: Spielen Sie das vor!

Rhetorische Erkenntnisse
Mimik, ist ein wesentlicher Faktor zwischenmenschlicher Kommunikation. Ihre Wirkung darf nicht unterschätzt werden!

Körpersprachen-Deutung

Auch dieser Trainingsschritt sollte in Gruppen durchgeführt werden. Alle schauen sich die Abbildungen an:

Abb. 18: Körpersprache

Jeder notiert für sich die mit dieser Körperhaltung signalisierte Einstellung und erfindet eine typische sprachliche Äußerung dazu. Wenn alle fertig sind, werden die Ergebnisse verglichen. Prognose: Es wird viele Übereinstimmungen geben.

Rhetorische Erkenntnisse
Innerhalb eines Kulturkreises werden die Äußerungen der Körpersprache von den Mitgliedern recht einheitlich verstanden und interpretiert.

Das Kärtchen-Roulette

Zur Vorbereitung dieses Spiels müssen Kärtchen beschriftet werden. Zwei Kärtchen-Stapel werden produziert.

Tab. 7: Das Kärtchen-Roulette

Die Kärtchen werden beschriftet mit verschiedenen Gemüts- bzw. Geisteszuständen	Die Kärtchen werden beschriftet mit den Bezeichnungen für verschiedene Situationen
– in Karnevalsstimmung	– Begrüßung eines Gastes
– traurig	– Fahrer im Auto
– abgeschlafft	– ruhend auf dem Sofa
– aggressiv	– vor dem Schreibtisch des Chefs stehend
– total verliebt	– als Redner vor einer Menschenmenge
– betrunken	– im Bus ohne Sitzplatz
– voll im Stress	– als Zuschauer im Lärm eines Stadions
– großartig gestimmt	– am Gartenzaun

Sicher fallen Ihnen noch weitere Angaben für die Kärtchen ein. Dann werden alle Kärtchen gut gemischt und auf den Tisch gelegt. Ein Spieler zieht nun aus jedem Stapel je ein Kärtchen, z.B. „betrunken" und „im Bus ohne Sitzplatz". Er spielt jetzt diese Szene (möglichst *nur* mit Körpersprache)! Alle anderen sollen aus Mimik, Gestik und Körperhaltung möglichst genau auf diese Situation schließen können.

Stumme Rede

Zu diesem Spiel werden „stumme Reden" gehalten

- als Pastor,
- als Sportreporter,
- als Festredner auf einer Geburtstagsfeier.

Denken Sie sich selbst Rollen aus, und lassen Sie die anderen erraten, wen Sie darstellen.

Körpersprache am Pult

Wie gesagt: Das wichtigste Instrument der Körpersprache am Rednerpult ist der Blickkontakt. Er demonstriert, dass Sie dieses Publikum mit dieser Rede erreichen wollen, dass Sie *zu* den Hörern sprechen, nicht nur *vor* Ihnen. Mit einem guten Blickkontakt wirken Sie sicher, überzeugt von dem, was Sie da sagen.

Zur Übung eignet sich am besten ein Manuskript, das Sie nach den Methoden „Schreiben fürs Sprechen“ und „Strukturiert aufschreiben“ erarbeitet haben (Bausteine 9 und 10). Tragen Sie diesen Text vor.

Übungsstufe 1: Schauen Sie nach jedem Sinnschritt auf, und machen Sie eine entsprechende Pause. Keine Angst: Die Pause sitzt immer an der richtigen Stelle, und Sie finden auch wieder in den Text zurück. Sie werden aber merken: Die Blickkontaktphasen sind zu kurz, die Pausen zu lang.

Übungsstufe 2: Lesen Sie etwa die Hälfte des Sinnschritts vor, heben Sie dann den Kopf und sprechen Sie die zweite Hälfte ins Publikum. Sie werden merken: Das geht ziemlich mühelos und verschafft Ihnen schon einen guten Blickkontakt.

Übungsstufe 3: Nehmen Sie den ganzen Sinnschritt mit den Augen in sich auf, sehen Sie dann ins Publikum und tragen Sie den Sinnschritt vor. Sie werden merken: Sie lösen sich vom Manuskript. Sie sind ganz bei Ihrem Publikum. Vielleicht verändern Sie beim Sprechen den Text auch leicht.

Nützliche Begleiterscheinungen: Ihre Rede wirkt wie frei formuliert. Das Sprechtempo wird geringer, die Pausen sind angemessen. Vielleicht kommt dann auch ganz spontan eine angemessene Handbewegung dazu.

Wir haben ja auch in Baustein 14 schon eine kleine Blickkontaktübung vorgeschlagen. Mehr Übung zur Körpersprache am Rednerpult brauchen Sie nicht!

17. Baustein

Ich trau' mich nicht! – Redeangst

TIPP

Redeangst ist häufig der primäre Grund, warum sich Menschen für Rhetorikkurse interessieren. In vielen Rhetorikkursen wird diese erste Barriere – also die Angst, sich als Sprecher vor anderen zu exponieren – wenig beachtet. Viele Übungsleiter meinen auch, durch den allmählichen Zugewinn an rhetorischen Fertigkeiten löse sich diese Angst bei jedem Teilnehmer von allein auf. Häufig ist genau das Gegenteil der Fall:

- In der Kontrollsituation eines Rhetorikkurses steht der „Selbstwert" der Teilnehmer dauernd in Frage.
- Mit den rhetorischen Fähigkeiten wächst der Anspruch an sich selbst und damit die Angst zu versagen.

Das Thema Redeangst ist also in einem Rhetorikkurs immer gegenwärtig. Dieser Baustein enthält Vorschläge, wie man als Teilnehmer und als Übungsleiter damit umgehen kann.
Eine grundsätzliche Empfehlung: Leiten Sie einzelne Trainingseinheiten durch Körperübungen zur Lockerung und Bewegung ein.

Zur Sache

Reden vor anderen heißt: Sie müssen sich exponieren, und zwar über eine längere Strecke. Das macht Ihnen weiche Knie, schon, wenn Sie dran denken. Natürlich können Sie sich eine sichere Basis schaffen:

- Sie haben etwas zu sagen und wollen auch, dass die anderen das wissen.
- Sie haben Ihre Inhalte gut ausgewählt.
- Sie haben eine klare Gliederung.
- Sie haben ein gut gestaltetes Manuskript (eventuell nach der Methode „strukturiert aufschreiben!" Baustein 10).

Auf eine solche Vorbereitung sollten Sie nie verzichten. Vielleicht haben Sie auch ein paar Freunde „unten" im Publikum, die Ihnen sowieso einen Vorschuss an Wohlwollen geben.

Dennoch: Es lässt sich nicht leugnen: Sie befällt schweres Lampenfieber, wenn Sie da vorne stehen. Fluchtgedanken? Manche gehen erst gar nicht nach vorn, weil sie Angst haben, dass sie Angst bekommen.

Zunächst: Es gibt kein Allheilmittel gegen diese Angst. Aber: Es gibt Möglichkeiten, die Angst zu verlieren. Hier nun einige methodische Hilfen.

Trainingsformen

Seien Sie mutig, und sagen Sie, was Sie fühlen!

Wenn Sie Angst haben, vor anderen zu sprechen, dann nehmen Sie die Gelegenheit des Seminars, das dem versammelten Plenum zu sagen. Seien Sie mutig, stehen Sie einfach auf. Beschreiben Sie allen, wie Sie sich in dieser Situation fühlen, vor allem, was in Ihrem Körper vorgeht (z. B. „Bei mir sitzt es im Magen"). Horchen Sie ruhig in sich hinein. Wenn Sie wollen, können Sie irgendwann umschalten. Sagen Sie dann irgendetwas im „Redestil" (z. B. „Meine sehr verehrten Damen und Herren …"). Setzen Sie sich dann wieder hin. Sie sollten wissen: Einigen von denen, die Ihnen da zuhören, geht es ähnlich, wenn sie eine Rede halten müssen. Sie entlasten also nicht nur sich, sondern einige andere auch. Der Nächste, der aufsteht, wird Ihnen das bestätigen.

Rhetorische Erkenntnisse
Sie können Ihre Ängste abbauen, indem Sie über sie sprechen.

Stellen Sie sich vor, Sie hätten schon gesprochen.

Redesituationen sind Situationen der Verunsicherung: Was passiert gleich? Was könnte passieren?

Psychologen sprechen auch von „unprägnanten" Situationen. Ein solcher Mangel an Prägnanz ist kaum auszuhalten, erzeugt Stress. Die Suggestionstheorie schlägt da einen Trick zur Selbstsuggestion vor: Stellen Sie sich möglichst genau die Situation vor, die sich nach Ihrer Rede ergibt, *nach Ihrer erfolgreichen Rede*: Sie haben Ihren Schlusssatz gesprochen, die Zuhörer klatschen, Sie stehen noch am Pult und sehen, wie das Publikum klatscht. Sie gehen langsam an Ihren Platz. Einer ruft: „Prima, Ulrike". Diese „Prognose", dieses genaue Bild dessen, was da kommt, tragen Sie mit sich ans Pult. Das entfaltet ein erstaunliches Gefühl der Sicherheit.

 *Wer mehr dazu wissen will: Pawlowski, K., Riebensahm, H. 2000, 158–188.*

Beginnen Sie mit einer Pause und atmen Sie aus!

Wenn Sie dann am Pult stehen oder auch nur aufgestanden sind, um vor einer Gruppe zu sprechen, fangen Sie nicht gleich an zu sprechen. Ordnen Sie Ihre Manuskripte, gucken Sie dann ins Publikum, nehmen Sie Ihre Zuhörer in dieser Phase bewusst wahr. Sie werden sehen: Die haben zum großen Teil recht freundliche Gesichter. Keine Angst: Das wirkt nicht wie eine leere Pause. Durch Ihren Blickkontakt bauen Sie in Ihrem Publikum die Bereitschaft auf, Ihnen zuzuhören. Diese Pause kann 20 Sekunden dauern.

Bevor Sie nun anfangen zu sprechen, atmen Sie gut aus (wohlgemerkt: Atmen Sie *aus*!). So kann der „Kloß“ im Magen und im Hals verschwinden. Das Ausatmen macht Sie leichter und entspannter (üben Sie dies auch einmal beim Autofahren!). Beim Ausatmen sollten Sie den Mund öffnen.

Rhetorische Erkenntnisse
Sie können Ihre Anspannung lösen, wenn Sie sich zunächst eine Blickkontakt-Pause gönnen und zu Beginn tief *ausatmen*.

„Sprechen Sie sich ruhig!“

Sie fangen also an zu reden. Sprechen Sie so langsam wie möglich, sprechen Sie nicht zu laut. Wenn Sie ein Mikrofon haben, steuern Sie die Lautstärke auf „Unterhaltungsniveau“ aus. Halten Sie Ihre Stimme so tief wie möglich (aber nicht drücken). Das alles wirkt nicht nur auf Sie selbst beruhigend und schafft Ihnen Raum zum Denken. Es wirkt auch auf Ihre Zuhörer angenehm und vermittelt den Eindruck von Sicherheit und Klarheit.

Kleiner Exkurs: Wir, die Autoren, haben immer unseren Prüfungskandidaten diesen kleinen „Dreischritt“ für Ihr Sprechen in der Prüfung empfohlen: so langsam wie möglich, so leise wie möglich, so tief wie möglich.

Prüfen Sie noch einmal nach …

Und nun haben Sie Ihre erste oder sagen wir achte Rede gehalten, kreuzen Sie kurz mal an:

Vielleicht merken Sie im Laufe der Zeit Veränderungen. Sprechen Sie darüber (Fragebogen von Dieter Kannenberg, unveröffentlicht).

Tab. 8: Selbstbefragung

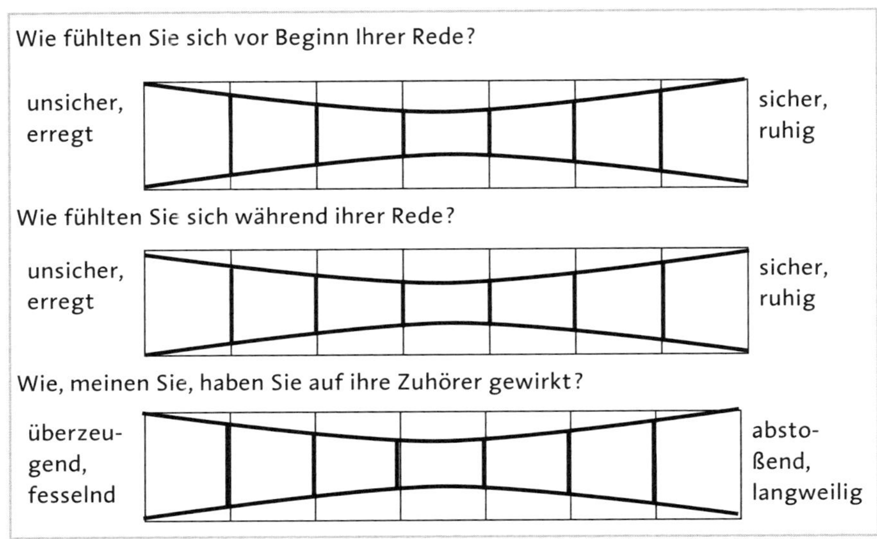

Wie fühlten Sie sich vor Beginn Ihrer Rede?

unsicher, erregt — sicher, ruhig

Wie fühlten Sie sich während ihrer Rede?

unsicher, erregt — sicher, ruhig

Wie, meinen Sie, haben Sie auf ihre Zuhörer gewirkt?

überzeugend, fesselnd — abstoßend, langweilig

> **TIPP** Für den Übungsleiter: Hier finden Sie einen Fragebogen, mit dessen Hilfe Sie die Redeängste Ihrer Teilnehmer genauer kennenlernen können:

Fragebogen 1

Tab. 9: Fragebogen zur Sprechangst

Versuchen Sie, sich selbst zu beurteilen:

4. Ich kann einen Sachverhalt so darstellen, dass er von meinen Zuhören
   sehr gut ○ gut ○ mittelmäßig ○ schlecht ○ gar nicht ○
   verstanden wird
5. Ich kann meine Meinung so darstellen, dass sie von meinen Zuhörern als meine Meinung
   sehr gut ○ gut ○ mittelmäßig ○ schlecht ○ gar nicht ○
   akzeptiert wird
6. Mit meinen Vorträgen, Reden, Diskussionsbeiträgen kann ich
   nie ○ selten ○ manchmal ○ häufig ○ immer ○
   meine Zuhörer beeinflussen.

Wenn Sie mehr zum Thema Redeangst erfahren wollen: Beushausen, U. 2014.

Kapitel 3 Informieren, überzeugen, feiern

Im folgenden Kapitel geht es um die drei Redetypen:

- die Sachrede oder Informationsrede,
- die Meinungs- oder Überzeugungsrede,
- die Anlass- oder Feierrede.

Die Einteilung in die drei Redetypen dient in erster Linie dazu, die Unterschiede bewusst zu machen und ermöglicht damit eine systematische Übung. Ob Sie in der konkreten Situation Meinungen bilden oder feiern oder informieren wollen, müssen Sie dann selbst entscheiden. Wichtig scheint uns nur, dass Sie dann wissen, wie das geht.

Vorübungen zu allen drei Redetypen haben wir bereits in mehreren Bausteinen vorgeschlagen, z. B. in Baustein 10, in dem es ja um die Gestaltung des Redemanuskriptes geht, oder in Baustein 11 (Erzählen).

18. Baustein

Die Sachrede

Zur Sache

Unter einer Sachrede (man findet auch die Bezeichnung „Informationsrede") verstehen wir Vorträge, Vorlesungen, Referate, Rechenschaftsberichte, sachliche Hinweise usw. Wichtigstes Ziel der Sachrede ist die Vermittlung von Informationen. Es geht also um Fakten, um Nachweisbares, aber natürlich auch um das Ergebnis eigener Überlegungen und Nachforschungen.

Das zeigt, dass die Grenze zur Meinungsrede häufig verwischt wird. Welcher Wissenschaftler möchte nicht mit seinem Vortrag die Zuhörer gewinnen und von der Plausibilität und Stimmigkeit seiner Ausführungen (z.B. seiner Forschungsergebnisse) überzeugen? Welcher Rechenschaftsbericht hat nicht die Zustimmung zur geleisteten Arbeit im Blick?

Dennoch unterscheidet sich die Sachrede stark von der Meinungsrede: durch die Struktur, durch die Sprache, durch die Präsentation. In einer Überzeugungsrede wird der Redner nur selten seine Ausführungen durch eine PowerPoint-Präsentation unterstützen.

Trainingsformen

Vor Beginn der Redeübungen wird der Katalog der Beobachtungskriterien (Baustein 7) auf dem Flipchart oder als Poster veröffentlicht.

Spielerischer Einstieg

Der Biologenkongress

Eignet sich gut zur Gruppenarbeit. Es geht bei diesem Kongress um die „Anpassung von Lebewesen an ihre Umwelt".

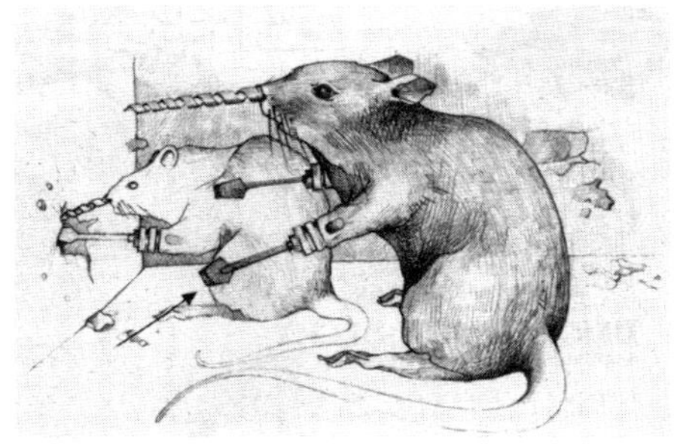

Abb. 19: Die Drill-Maus

Die Drill-Maus
(mus domesticus betonius)

Auch der schärfste Schneidezahn der emsigen Hausmaus scheitert an den Betonwänden der modernen Wohnkultur. Während Millionen Mäuse darob eines elenden Hungertodes starben und andere sich in die letzten noch vorhandenen Holzhäuser flüchten mussten, passten sich die Zähesten unter ihnen im Lauf der letzten Jahrzehnte den neuen Lebensumständen an, indem sich ihre Schneidezähne zu kräftigen Bohrinstrumenten entwickelten. Gleichzeitig verwandelten sich die Vorderpfoten in flinke Presslufthämmmer, denen kein Hindernis mehr widerstehen kann!

Abb. 20: Der Flach-Igel

Der Flach-Igel
(ericaneus plattus profilius)

Am Rande der Autobahn findet man in letzter Zeit eine neue Entwicklungsform der nimmermüden Natur: den Flach-Igel. Mit seinem langgezogenen Körperbau entgeht er mühelos dem Schicksal seiner Artgenossen, beim Überqueren der Straßen von Autos zerquetscht zu werden. Anstelle der gegen Autoreifen wirkungslosen Stacheln finden wir auf dem Rücken der Tiere reizvolle Profilmuster, die ein sanftes Darübergleiten der Autoräder gestatten. Je nach Mustern unterscheidet man zwischen Michelin-, Conti-TS- und Dunlop-Igeln. Die im Vorjahr aufgetretenen Spikes-Igel sind jedoch inzwischen gesetzlich verboten.

Abb. 21: Das Gummi-Reh

Das Gummi-Reh
(capreolus prallus elasticus)

Eine weitere, vom modernen Straßenverkehr beeinflusste Evolution vollzog sich beim Reh, das nach unzähligen nächtlichen Zusammenstößen mit Autos immer mehr Widerstandskraft und Elastizität entwickelte, bis sich schließlich die Haut in eine gummiartige Schicht verwandelte und Hufe und Geweih zu Sprungfedern auswuchsen, so dass das Tier heute bei einer Kollision nicht nur unverletzt bleibt, sondern darüber hinaus elegant in die heimatlichen Wälder zurückkatapultiert wird ... zum Nutzen von Mensch und Kreatur!

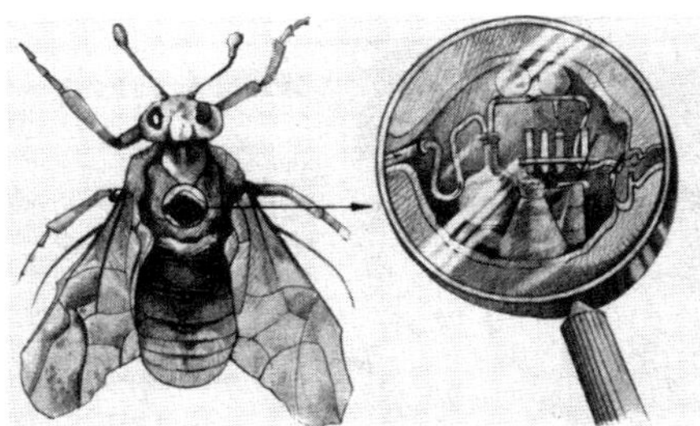

Abb. 22: Die Stahlmagen-Fliege

Die Stahlmagen-Fliege
(insectus chemicalius robustus)

Der ständig wachsende Prozentsatz von Konservierungsmitteln, synthetischen Farbstoffen und anderen Chemikalien in unseren Lebensmitteln stellte die Hausfliege, deren Ernährung vorwiegend aus den Resten der menschlichen Küche besteht, vor eine schwere Überlebenskrise. Doch auch hier ließ sich die Natur etwas einfallen. Zwar blieb die äußere Erscheinungsform dieses unerwünschten Hausgastes unverändert, doch verwandelte sich der Magen im Lauf der letzten Jahre in eine Art Mini-Labor, in dem alle Giftstoffe sofort und rückstandslos abgebaut werden.

Sie sind Experte auf einem Biologenkongress und stellen in einem Vortrag den anderen Experten eines der abgebildeten Tiere vor. Sie bekommen dazu die Zeichnung mit dem dazugehörigen Informationstext, den Sie selbstverständlich modifizieren können, wie Sie wollen. Während Ihres Vortrages wird „Ihr Tier" (ohne Text) für alle sichtbar als Kopie aufgehängt oder als Folie an die Wand geworfen.

Auswertung: Das Feedback ist hier nicht das Entscheidende.
Jeder sollte Spaß an dieser Übung haben. Der Vorteil: Der Redner kann inhaltlich nichts falsch machen. Mit dieser Übung können sich auch Teilnehmer „freischwimmen", die beim Reden vor anderen Bauchschmerzen bekommen (Baustein 17).

Grundpläne erarbeiten (dispositio)

Die Gliederung der Sachrede ist abhängig vom Thema. Nicht jede Sachrede kann nach dem gleichen Gliederungsmuster aufgebaut werden.

Wir wollen Ihnen sechs Grundmuster als Ordnungsprinzipien für Sachreden vorschlagen. Unsere sechs Beispielreden stammen aus dem Problembereich „Unser Wald". Ein weites Feld, aus dem man, wie Sie sehen werden, eine Fülle von Einzelthemen entwickeln kann.

Tab. 10: Aufzählungsmuster

Gruppe 1: Aufzählungsmuster

Muster A	**Muster B**	**Muster C**
Themenbeispiel: „Funktion der einzelnen Teile des Baumes“	Themenbeispiel: „Ursachen der Erkrankung unseres Waldes“	Themenbeispiel: „Was leistet unser Wald?“
1. Boden und Wurzeln 2. Der Stamm 3. Die Krone	1. Immissionen 2. Klimaextreme und Witterungsfaktoren 3. Schwächeparasiten (z.B. Pilze) 4. Insekten	1. Wasserhaushalt 2. Schutz für Landwirtschaft und menschliche Siedlungen 3. Arbeitsplätze und Produktionswerte 4. Umweltfreundliche Rohstoffe 5. Klimaverbesserung 6. Lebensraum für Pflanzen und Tiere 7. Erholungsgebiet
Prinzip: Gliederungspunkte ergeben sich aus dem Gegenstand selbst (sind durch die Erscheinungsform begrenzt).	Prinzip: Aufzählung der dem Autor bekannten Einzelelemente (es könnten je nach Entwicklungsstand mehr/weniger sein).	Prinzip: Gliederungspunkte ergeben sich aus Einzelgesichts-punkten je nach Darstellungsziel oder -gegenstand (Erweiterung, Verkürzung, Veränderung möglich).

Wichtig für alle drei Muster:
Die Gliederungspunkte müssen gleichrangig zueinander stehen, sie dürfen kein Über- / Unterordnungsverhältnis bilden. Einleitungs-, Überleitungsformen (Operatoren): 1., 2., 3. … / daneben gibt es … / außerdem sind da noch …

Gruppe 2: Entwicklungsmuster

Muster D:

chronologische Entwicklung

Themenbeispiel:
„Entwicklung der Immissionsschäden“

Phase 1: 1830–1890
Nahschäden:
Schäden von Hüttenrauch in Waldtälern erzreicher Mittelgebirge

↓

Phase 2: 1890–1960
Regionalschäden:
ca. 50 km Umkreis von Industrie- und Kohlebergbaugebieten

↓

Phase 3: 1960–heute
Fernschäden:
ca. 200 km Umkreis von Großfeuerungsanlagen

Prinzip:
Aufteilung der Themen in zeitliche Schritte

Operatoren:
dann .../danach .../im Jahr X .../nachdem es ...

Muster E:

kausale Entwicklung

Themenbereich:
„Biotische Baumschäden“

Pilzbefall
führt zu:
Unterbrechung der Wasserleitung

führt zu:

↓

Unterversorgung des Baumes

führt zu

↓

Zersetzung im Stamm und im Wurzelholz

führt dazu,

↓

dass die Bäume gefällt werden müssen

Prinzip: Ableitung eines Schrittes aus dem anderen

induktiv = aus Einzelerscheinungen wird auf eine allgemeine Erkenntnis/auf das Ergebnis geschlossen

Operatoren: führt zu.../ das heißt.../daraus folgt.../ wenn...dann...

deduktiv = das Ergebnis/ die Erkenntnis wird nachträglich begründet

Operatoren: weil.../ denn...

Muster F:

definitorische Entwicklung

Themenbeispiel
„Emission – Immission

1. Emission

bedeutet

↓

Ausstoß von Schadstoffen

2. Immission

bedeutet

↓

Verteilung der Schadstoffe in der Luft

Prinzip:
Begriffe oder zusammenhängende Aussagen werden erklärt oder erläutert

Operatoren:
das bedeutet.../ darunter verstehe ich...

Einige Aufgaben zu den vorliegenden Mustern:

- Welche Informationen erwarten Sie zu den einzelnen Gliederungspunkten der Themen A und B? Notieren Sie Fragen.
- Versuchen Sie, diese Fragen zu ordnen.

- Könnten Sie sich für Thema C eine sinnvollere Reihenfolge der Gliederungspunkte vorstellen? Versuchen Sie, einige der sieben Gliederungspunkte unter gemeinsamen Überschriften zusammenzufassen. Fallen Ihnen noch weitere Gliederungspunkte ein? Ordnen Sie diese zu.
- Welche Informationen erwarten Sie vom Referenten zu den einzelnen Punkten des Themas D? Notieren Sie Fragen und ordnen Sie diese.
- Zu Thema E: Stellen Sie zu einem ähnlichen oder ganz anderen Thema eine deduktive Kette her (Baustein 5).
- Können Sie aufgrund dieser Erklärungen „Immission" von „Emission" unterscheiden, oder fehlt Ihnen noch etwas?
- Probieren Sie aus, ob man Thema A nicht auch mit einem der anderen fünf Muster sinnvoll gliedern könnte. Versuchen Sie das Gleiche bei allen sechs Themen. Was passt nicht zueinander? Versuchen Sie das zu begründen. Was ändert sich im Inhalt des jeweiligen Referates?

Vielleicht gibt es noch andere Strukturierungsmuster. Erläutern Sie diese im Plenum anhand von Beispielen. Entwerfen Sie Grundpläne für Sachreden nach allen Mustern zu folgenden Stichwörtern:

- Auto
  Beispiel:
  - Muster A: Funktionsteile des Autos
  - Muster B: Antriebsarten (Motorarten)
  - Muster C: Vorteile eines Van für den Privatmann
  - Muster D: Wie erneuere ich einen Auspuff?
  - Muster E: Funktion eines Motors
  - Muster F: Was heißt „Differential"?
- politische Parteien
- Homepage
- Smartphone / I Pad
- Fußball (oder andere Sportarten)
- andere Stichwörter nach Ihrer Wahl.

Gehen Sie bei der Erarbeitung Ihres Grundplanes möglichst nach der Methode „Strukturiert aufschreiben" vor (Baustein 10).

Tragen Sie den anderen Teilnehmern den jeweiligen Grundplan (stehend) vor, also gewissermaßen als Ankündigung Ihres Vortrages. Verbinden Sie die einzelnen Gliederungspunkte durch Überleitungen (z. B. „zunächst … dann …, wenn ich über X gesprochen habe …"). Gelingt das immer mühelos, oder gibt es bei einigen Mustern Schwierigkeiten? Warum?

Rhetorische Erkenntnisse

- Die Muster A, B und C eignen sich zur Auflösung eines komplexen Themenbereichs in Einzelelemente, damit zur Grobgliederung einer Sachrede (Referat, Vortrag).
- Muster D eignet sich zur Grobgliederung nur dann, wenn es sich um die Darstellung einer zeitlichen Abfolge handelt, z.B. Bau- oder Montageanleitung, historische Beschreibung, Entwicklungsbeschreibung.
- Muster E wird nur selten die Basis für einen Grobplan darstellen können, eventuell dann, wenn das ganze Referat aus einer Funktionsbeschreibung besteht. Meist wird aber auch dann eine Grobgliederung nach Muster A vorangehen. Häufig werden auch D und E miteinander kombiniert, z.B. wenn sich eine zeitliche Abfolge aus dem Funktionszusammenhang ergibt („Zunächst Schritt a, weil ...“).
- Muster E dient in erster Linie der Begründung einer Entwicklung, der Darstellung von Funktionen und deren Zusammenhängen.
- Auch Muster F wird fast ausschließlich als Verknüpfungsmuster bei der Binnenstrukturierung einer Sachrede verwendet. Es besteht praktisch nur aus zwei Schritten.

Binnengliederung

Wählen Sie ein Thema zu einer Sachrede aus Ihrem Interessengebiet. Stellen Sie einen Grundplan auf.

Schritt 1
Ordnen Sie jedem Gliederungspunkt Unterpunkte nach einem der Muster zu („strukturiert aufschreiben“).

Beispiel: Thema: „Holzzersetzung durch Pilze.“

1. Infektionswege
   - 1.1 Anflug von Sporen
   - 1.2 Wurzelverschweißung mit infiziertem Nachbarbaum
   - 1.3 Myzelstränge von Waldpilzen (Halimasch)
2. Eingangspforten
   - 2.1 Baumverletzungen
     - Schnitte

Brüche
Schürfstellen
mechanische Einwirkung durch den Menschen
Tierfraß
2.2 abgerissene Wurzeln
3. Arten der Holzzersetzung
3.1 Braunfäule
3.2 Moderfäule
3.3 Weißfäulen
simultane Weißfäule
selektive Weißfäule

Schritt 2
Lösen Sie nun die zweite Gliederungsebene noch weiter auf: Beim Zusammenstellen der Unterpunkte kommen alle Gliederungspunkte zur Anwendung.

Thema: „Holzzersetzung durch Pilze"
Punkt 3.3 „Weißfäule"

3.3 Weißfäule
durch Pilzbefall
Zunderschwamm
zottiger Porling
abgebaut werden
Zellulose
Lignin
Verlauf der Weißfäule
Holzzellwand von innen her verletzt
zuerst wird Zellulose abgebaut
das führt zu einer Holzzersetzung
dadurch wird Holz spröde und bricht
dann wird Lignin abgebaut
das führt zur Holzerweichung

- Sie finden auch hier Teile der Grundmuster. Welche?
- Beachten Sie die klare Struktur und die Hervorhebung der Operatoren.
- Nehmen Sie diese Schrittfolge als Muster für ein eigenes Referat zu einem selbst gewählten Thema. Tragen Sie dieses Referat nach dem so entstandenen Manuskript vor.

Rhetorische Erkenntnisse

- Bei der Binnengliederung einer Sachrede wird die erste Untergliederungsebene noch weitgehend von den Aufzählungsmustern (A, B, C) bestimmt.
- Je feiner die Untergliederung, desto stärker kommen auch die Entwicklungsmuster D, E und F zum Tragen. Dennoch sind auch hier noch Aufzählungen sinnvoll.

Sachreden üben

TIPP

Wenn Sie Sachreden in einem Seminar üben wollen, haben Sie als Seminarleiter ein Problem: Die Vorbereitung nimmt viel Zeit in Anspruch, wenn sich die Teilnehmer noch in ihr Thema einarbeiten müssen. Sehen Sie sich nur unser Thema „Baum“ an. Es empfiehlt sich, die Teilnehmer über Themen referieren zu lassen, in denen sie zu Hause sind: Hobbies bevorzugte Reiseziele, berufliche Tätigkeiten, Arbeitsabläufe. Vor allem diese allseits bekannten und oft gefürchteten Arbeitsabläufe eigenen sich gut für Kurzreferate. Und in diesen Kurzreferaten lassen sich gut alle Grundelemente der Sachrede verdeutlichen und üben.

Arbeitsabläufe

Wir sollten es alle können, aber wie macht man das denn richtig, problemlos und vor allem schnell?

- einen Fahrradreifen flicken,
- ein Autorad wechseln,
- ein Lagerfeuer machen,
- einen Grill vorbereiten,
- eine App auf ein Smartphone laden
  (vor allem im Bereich der Info- und Unterhaltungselektronik gibt es viele Laien, aber auch viele Spezialisten, also auch viele Themen).

Lächerliche Themen? Vielleicht. Aber an ihnen lassen sich die Aufbauprinzipien einer Sachrede sehr gut (gewissermaßen im Bonsai-Format) erkennen und üben.

Harte Nachricht

Die „Harte Nachricht" ist eine journalistische Stilform.
Die Informationen werden nicht chronologisch, sondern ihrer Wichtigkeit entsprechend angeordnet. Daher steht die Hauptinformation am Anfang. Erst dann kommen die Details und dann die entsprechenden Hintergründe (zeitlich oder als Folgerungskette angeordnet). Die letzten beiden Punkte können sein: Folgen im Detail. Aussichten in der Zukunft. Dieses sind solche harte Nachrichten:

BEISPIEL

Separatorenfleisch
Bei vielen Wurst- und Fleischwaren gibt es auf der Verpackung Hinweise auf den Einsatz von minderwertigen Fleischresten. Diese Hinweise finden Verbraucher allerdings nur auf der Rückseite im Kleingedruckten. Das hat die Verbraucherzentrale Hamburg bei einer Untersuchung von 15 Produkten festgestellt. Die Untersuchung zeigt aber auch: Diese Produkte werden vor allem in Läden verkauft, deren Kunden einen türkischen oder osteuropäischen Migrationshintergrund haben. Bei bekannten großen Handelsketten gab es dagegen keine Waren mit Hinweis auf das sogenannte Separatorenfleisch. Und nach Einschätzung des Ernährungsexperten Armin Valet lehnen viele Verbraucher diese breiige Fleischpaste als minderwertig ab.
Separatorenfleisch wird gewonnen, indem Maschinen Fleischreste mit hohem Druck von ausgelösten Knochen abtrennen und zerstückeln. Wenn bei diesem Verfahren bestimmte Hygiene- und Temperaturvorgaben missachtet werden, haben gesundheitsschädliche Mikroorganismen ein leichtes Spiel. Das meint die Verbraucherzentrale.
Nach den Leitsätzen für Fleisch und Fleischerzeugnisse darf Separatorenfleisch von Geflügel und Schweinen in kleinen Mengen in bestimmten Fleischprodukten verarbeitet werden. In kleinen Mengen wohlgemerkt. Allerdings fanden die Verbraucherschützer z.B. in einem Geflügelbratling 77% dieser Zutat und in einer Art Fleischwurst immerhin 30% Truthahn- und Hähnchenseparatorenfleisch. Aus Rinder-, Schaf- und Ziegenknochen darf seit der BSE-Krise kein Separatorenfleisch mehr gewonnen werden.

Keime in der Küche werden unterschätzt
Die gesundheitlichen Risiken, die von krankmachenden Keimen in der eigenen Küche ausgehen, werden von Verbrauchern häufig unterschätzt. Rund 100 000 Erkrankungen, die mit großer Sicherheit über

Lebensmittel übertragen worden sind, werden jährlich in Deutschland gemeldet. Das teilt das Bundesinstitut für Risikobewertung (BfR) mit. Zu diesen Erkrankungen gehören vor allem Infektionen mit Campylobacter, Salmonellen und Noroviren.
BfR-Präsident Andreas Hensel erklärt: „Lebensmittel können mit Bakterien, Viren oder Parasiten verunreinigt werden, und zwar auch durch Fehler bei der Lagerung und Zubereitung im Privathaushalt“. In den meisten Fällen kommt es zu Infektionen mit Symptomen wie Magenkrämpfen, Durchfall oder Erbrechen. Diese Infektionen heilen von selbst aus. Wenn allerdings das Immunsystem geschwächt oder noch nicht vollständig ausgebildet ist, kann eine solche Lebensmittelinfektion auch sehr schwer verlaufen.
Wer solche Infektionen vermeiden will, sollte deshalb bestimmte Hygieneregeln einhalten. Laut BfR werden die meisten Krankheitserreger dadurch abgetötet, dass Speisen bei der Zubereitung und beim Aufwärmen zwei Minuten oder länger auf mindestens 70 °C erhitzt werden. Auch im Inneren der Lebensmittel sollte diese Temperatur erreicht werden. Das bezieht sich auf aufgetautes Gefriergut. Zudem sollten Lebensmittel kühl gelagert werden.
Auch Menschen, Haustiere oder Schädlinge können Krankheitserreger auf Lebensmittel übertragen. Dabei geht die Gefahr vor allem von rohen Lebensmitteln aus. Von ihnen werden Keime entweder direkt oder über Hände, Küchenutensilien oder Arbeitsflächen auf andere Lebensmittel übertragen. Auch hier heißt es: die Lebensmittel richtig lagern, schnell verbrauchen und ausreichend erhitzen.

Erarbeiten Sie aus einer dieser Nachrichten einen Kurzvortrag in folgenden Schritten:

- selektieren
  - verwenden Sie also nur die Fakten für den Vortag, die Sie für interessant und relevant halten
- strukturieren
  - ordnen Sie die übrig gebliebenen Fakten, und zwar nach den Aufbauprinzipien für Sachreden (s.o.)
- fürs Sprechen formulieren (Baustein 9)
- strukturiert aufschreiben (Baustein 10)
  - stellen Sie eine Sprechpartitur nach der Methode „strukturiert aufschreiben“ her.

Die Sprache der Sachrede (elocutio)

Wer erinnert sich nicht an seine Studienzeit und an Vorlesungen, die hochwissenschaftlich waren, aber den Zuhörern alles abverlangten an Konzentration und an Zuhörbereitschaft? Verschachtelte Sätze, unangemessene Häufung von Fachtermini ohne die entsprechende Definition. Zugegeben: Es ist nicht immer leicht, komplizierte Sachverhalte so darzustellen, dass sie auch die verstehen, die nicht voll und ganz in der Materie drinstecken oder sich erst in diese Zusammenhänge hineindenken müssen. Wenn ein Arzt vor Nicht-Medizinern spricht, sollte er auf medizinische Fachtermini verzichten oder sie definieren.

Wir haben in Baustein 8 Übungen zu Wortwahl vorgeschlagen, in Baustein 9 das Schreiben fürs Sprechen thematisiert, und der Baustein 11 hat sich mit Veranschaulichung beschäftigt. Gerade in Sachreden sollten die hier gewonnen Erkenntnisse beherzigt werden.

Präsentation

Um Sachreden anschaulich zu machen, um das Verstehen zu erleichtern, wurden schon immer Präsentationshilfen verwendet: An der Tafel, auf dem Flipchart oder über einen Overheadprojektor wurde die Gliederung vorgegeben, wurden Grafiken, Kernsätze, Definitionen sichtbar gemacht.

Wer sein Referat mit Hilfe eines Flipcharts oder mit Moderationskärtchen verständlich machen wollte, musste auf eine gut leserliche Schrift achten. Das gilt allerdings auch heute für alle die, die sich immer noch hartnäckig einer PowerPoint-Präsentation verweigern. Vielleicht sogar wohlbedacht: Denn der Technik kann man nur bedingt trauen. Und es hat durchaus Vorteile, seinen Vortrag zu veranschaulichen, indem man während dieses Vortrags die Kernsätze aufs Flipchart schreibt, vorgefertigte Grafiken beschriftet. Das ist unmittelbar und schafft Sprechpausen, die für die Zuhörer Denkpausen sind. Das ist in jedem Fall eingängiger als ein eine schlecht gemachte PowerPoint-Präsentation.

Denn die hat durchaus ihre Tücken. Wir können hier nur ein paar grundsätzliche Ratschläge geben und bedienen uns dazu der Tipps von Klaus Hellermann, Berater und Coach im Bereich Hochschuldidaktik, die wir hier leicht modifiziert und in Auszügen weitergeben:

1. Am Anfang steht immer der **Ablaufplan**, also die Gliederung der Sachrede. Das schafft Transparenz und gibt Struktur und motiviert dazu, der Rede und der Präsentation konzentriert zu folgen.

2. Auf jeder Folie sollten die Zuhörer erkennen können, an welcher Stelle des Vortrags man sich gerade befindet: Die **Gliederungspunkte** könnten Sie also jeweils **als Überschrift** für die entsprechende Folie benutzen.
3. Sie sollten die Folien **einheitlich gestalten:** Schriftgröße, Folienaufbau.
4. Die **Texte** sollten Sie **kurz und knapp** gestalten, am besten in Stichwörtern. Gut ist eine Darstellung nach dem Prinzip „**Strukturiert aufschreiben**“. So bilden Sie inhaltliche Blöcke und machen die Struktur sichtbar (Baustein 10). Ausdifferenzierungen gibt es im Vortrag. Für Ihre Zuhörer ist es schwierig, gleichzeitig zuzuhören und längere Ausführungen zu lesen.
5. Scannen Sie keine Seiten aus einem Buch oder einem Artikel. Folien müssen gestaltet werden.
6. **Grafiken** prägen sich mehr ein als schriftliche Aussagen.
7. Schmuckschriften oder Schreibschriften sind schön anzusehen, aber schwer lesbar. Gut eignen sich **serifenlose** Schriften wie Arial, Verdana oder Tahoma.
8. Die **Schriftgröße sollte mindestens 20 pt** (24 pt sind noch besser!) betragen.
9. Verwenden Sie Farben. Aber da gibt es einige Tücken:
   - **Nicht mehr als drei Farben.**
   - Farben eigenen sich zur **Gliederung oder Hervorhebung**.
   - Achten Sie auf den Folien-Hintergrund. Nie rote Schrift auf blauem Hintergrund oder blaue Schrift auf rotem Hintergrund.
   - Vermeiden Sie die Farbe „Gelb“.
10. Gut sind starke Kontraste. Wählen Sie deshalb helle Hintergrundfarben.
11. **Bilder** haben eine **hohe Aussagekraft** und sagen häufig mehr als lange Erläuterungen. Allerdings: Unpassende Bilder schaden mehr als sie nützen.
12. Dies gilt auch für den Einsatz zu vieler Folien. **Visualisierungen erhöhen den Lern- und Behaltenswert**, jedoch nur dann, wenn Sie sie gezielt, d.h. sparsam einsetzen. Eine Folie sollte mindestens zwei bis drei Minuten sichtbar sein, damit man sie verinnerlichen kann. Zu viele Folien sind lernpsychologisch gesehen kontraproduktiv.
13. Zum Erläutern einer Folie verwenden Sie Laserpointer bzw. Presenter. Auch die sollten sparsam eingesetzt werden. Sie haben nur die Funktion, die Aufmerksamkeit zu lenken.

19. Baustein

Die Meinungsrede

Zur Sache

Allgemein

In einer Meinungsrede geht es um Einstellungen: Ich bin von etwas überzeugt und möchte das anderen mitteilen. Selbstverständlich habe ich das Ziel, die Zuhörer mit meiner Rede zu beeinflussen, sie von der Richtigkeit oder Angemessenheit meiner Meinung zu überzeugen, sie dazu zu bewegen, in meinem Sinne zu denken und zu handeln. Häufig bleibt es jedoch bei der Verlautbarung, weil die Einstellungen der anderen schon fest gefügt sind. Die meisten Parlamentsreden sind, jedenfalls im Rahmen des Plenums, solche Verlautbarungen. Es ist schon viel erreicht, wenn Sie den Meinungsgegner wenigstens zum Nachdenken bewegen oder Zuschauer an den Fernsehschirmen in ihrer eigenen Meinung beeinflussen.

Häufig wird neben dem Begriff „Meinungsrede" auch der Begriff „Überzeugungsrede" verwendet, wenn die Rede eindeutig „werbenden" Charakter hat mit dem Ziel, den Zuhörer zum unmittelbaren Handeln zu bewegen (siehe unten: Erfindermesse).

In der Meinungsrede geht es zwar auch um Sachinhalte, aber anders als in der Sachrede spielen die Emotionen eine ganz entscheidende Rolle. Neuromarketing und TZI behaupten sogar: Erst wenn das Gesagte den Filter unserer Emotionen passiert hat, sind wir bereit, die Sachargumente wahrzunehmen und auf uns wirken zu lassen. Gelingt es dem Redner, die richtige Seite in unserem Unterbewussten anzuschlagen, kann er hoffen, auch unsere Ratio in Bewegung zu bringen. Und die Sozialpsychologie sagt: Eine Einstellung, die emotional massiv verfestigt, also gewissermaßen zur „Glaubenssache" geronnen ist, kann nur schwer verändert werden.

Siehe hierzu: Cohn, R. 2009; Häusel, H.G. (Hg.) 2014; Häusel, H.G.: Neuromarketing mit Limbic; Pawlowski, K. 2005, 222–234, darin die Basisliteratur.

Abb. 23: Guter Aufbau

Aufbau der Meinungsrede (dispositio)

Diese wundervolle Lasagne ist planvoll aufgebaut: Die einzelnen Teile sind als solche gut erkennbar und deutlich voneinander abgegrenzt. Man weiß also, was man hat. Dennoch sind die Schichten (durch Tomatensoße und Käseschnitzel) geschickt miteinander verbunden. Und als Appetitanreger das Minzblatt: köstlich! Dieser Aufbau weckt die Lust zum Reinbeißen und erhält den Gaumenkitzel bis zum letzten Bissen. So sollte auch der Aufbau einer Rede sein:

1. verständlich:
   - klar und übersichtlich,
   - die einzelnen Redeteile durch Überleitungen miteinander verknüpft,
2. wirkungsvoll:
   - die Zuhörbereitschaft fördernd,
   - die Spannung erhaltend.

Die klassischen vier Schritte für eine Meinungsrede sind:

- Einleitung (exordium),
- Erzählung (narratio),
- Argumentation (argumentatio),
- Redeschluss / Zwecksatz (peroratio).

Verdeutlicht an einer sehr bedeutsamen Rede:

BEISPIEL

Einleitung
Liebe Angelfreunde!
Unser Angelbruder Gerald ist, wie Ihr wisst, heute Abend aus sehr persönlichen Gründen verhindert. Zum Glück. Denn das gibt mir – Eurem zweiten Vorsitzenden – die Gelegenheit, Euch ein wichtiges Anliegen vorzutragen: Gerald wird am 6. April 60 Jahre alt.

Erzählung
Er ist, wie Ihr wisst, eines unserer rührigsten Mitglieder. Wir alle erinnern uns noch jener dunklen Stunden im letzten Winter, als uns auf einer unserer wöchentlichen Versammlungen unser Kassenwart Arno mitteilte, dass der Bestand der Kasse gerade noch 1 Euro 48 betrage, das Bier an diesem Abend also jeder selber bezahlen müsse. Wie traf uns das, liebe Freunde? Wer war es, der das Ruder in die Hand nahm? Unser Gerald. Die Zeche des Abends ging auf seine Rechnung.

Überleitung
Diesem Treuesten der Treuen sollten wir zu seinem Ehrentage ein schönes Geschenk machen.

Argumentation (A)
Ich weiß, meine Freunde: Einige haben schon ein Fässchen Bier vorgeschlagen. Sie begründen das mit unser aller Durst und mit ihrem Wissen um Geralds Freigiebigkeit: dass es dann nämlich nicht bei diesem einen Fässchen bleiben werde.
Ich finde diesen Vorschlag eigennützig und oberflächlich.
Zunächst: Gerald wird sich auch so nicht lumpen lassen.
Und dann, ich bitt Euch, ein plumpes Fass Bier.

Argumentation (B)
Wir sollten unserem Gerald etwas Besonderes schenken,
etwas, was die folgenden drei Bedingungen erfüllt:

1. Wir sollten es mühelos und kurzfristig über das Internet beschaffen können.
2. Es sollte ein dauerhaftes Schmuckstück sein, über das er sich jeden Tag freut, wenn er es sieht.
3. Es sollte unsere Bewunderung ausdrücken für das, was er als Angler geleistet hat.

Denn, meine Freunde, wer hat dreimal hintereinander den Fisch des Jahres an der Angel gehabt?

Überleitung
Hier, seht Euch das im Katalog an. Ist das nicht ein herrliches Stück?

Zwecksatz
Schenken wir Gerald diese goldene Plastik eines kapitalen Hechtes!

In dieser grandiosen Rede besteht die Argumentation aus zwei Teilen:

- der Auseinandersetzung mit den (tatsächlichen oder möglichen) Gegenargumenten (refutatio),
- der eigenen Meinung und den eigenen Handlungsplänen (probatio).

In der refutatio nehme ich also einen möglichen Widerspruch vorweg, entkräfte dieses Argument und räume mir so den Weg frei für die eigene Argumentation im Hinblick auf den Zwecksatz.

So wird aus der Vierschritt-Rede (s.o.) eine Fünfschritt-Rede.

TIPP

Wir haben in Baustein 5 eine Reihe von Gliederungsmustern für die Argumentation vorgestellt, z.B. den „Fünfsatz“ von Geissner. Diese Muster könnten auch als Grundübungen für den Aufbau von Meinungsreden dienen.
Jeder dieser Pläne für Kurzreden kann für eine längere Meinungsrede erweitert werden. Wir werden uns hier nur mit dem klassischen Aufbauschema (s.o.) beschäftigen, dabei laufen zwei Planungsschritte der klassischen Rhetorik parallel: Für die einzelnen Stationen der Redegliederung (dispositio) suchen wir die Inhalte (inventio), die für diesen Gliederungsteil angemessenen sind, und zwar bezogen auf die konkrete Redesituation.

Trainingsformen

Der Zwecksatz

Bevor Sie an die Planung Ihrer Meinungsrede gehen, müssen Sie sich folgende Fragen stellen:

Was will ich bei meinen Zuhörern erreichen? Was sollen sie fühlen, denken und schließlich tun? Diesen Zielgedanken nennen wir **Zwecksatz**.

- Der Zwecksatz stellt in der Planungsphase den ersten Schritt dar,
- er dient als roter Faden für die inventio, also das Zusammentragen der Inhalte,
- er bildet den letzten Satz der Rede, also den „Auslöser“.

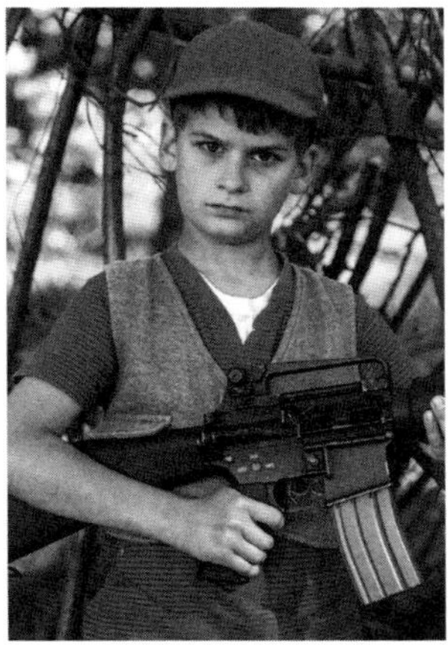

Die auf diesem Foto dargestellte Situation könnte Gegenstand einer Rede sein. Eventuell vor Einzelhandelskaufleuten der Spielzeugbranche. Möglicher Zwecksatz: „Verkauft kein Kriegsspielzeug mehr!"

Abb. 24: Kein Kriegsspielzeug!

Die folgenden Fotos könnten Impulse für Meinungsreden sein. Überlegen Sie sich eine mögliche Redesituation (wer spricht vor welchem Publikum?) Formulieren Sie für diese möglichen Meinungsreden spontan Zwecksätze (Thesen, Aufforderungen, provozierende Fragen).

Ein Beispiel zu Abbildung 25:

- Tanzlehrer vor Tanzschülern:
  - **Zwecksatz**: Deshalb während der Unterrichtsstunde keinen Alkohol!

Abb. 25: Ausfallschritt

Abb. 26: Anweisung

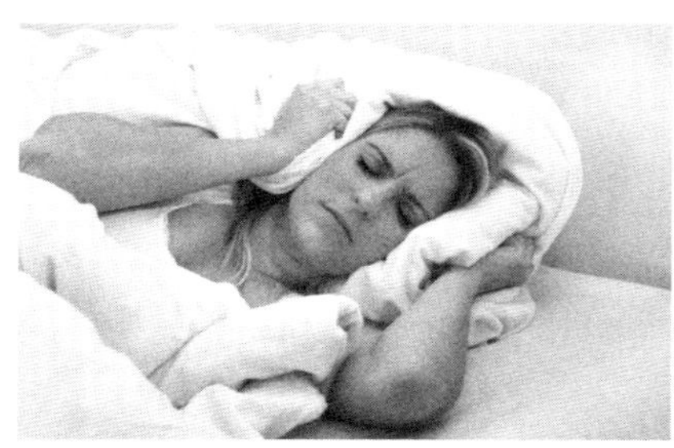

Abb. 27: Schlafstörung

Suchen Sie aus Illustrierten oder Comics selbst Impulse für diese Zwecksatzübung. Als Impulse eignen sich auch verbale Vorgaben, z. B.:

- „Bilderrahmen“
  - Zwecksatz: Bilder wirken erst durch den geeigneten Rahmen!
- „Hosenträger“
  - Zwecksatz: Hosenträger sind nicht nur nützlich, sondern überaus sexy!

Rhetorische Erkenntnisse
Der Zwecksatz sollte kurz, prägnant und herausfordernd sein. Der Zwecksatz stellt die (unausweichliche) Quintessenz Ihrer Rede dar.

Die Einleitung

Sie sind Mitglied einer Elterninitiative, die sich mit der Gewalt auf unseren Schulhöfen und Spielplätzen beschäftigt. Sie halten eine entsprechende Rede

- vor den Eltern in Ihrer Siedlung (Sie sind dort bekannt),
- vor Lehrern der Grundschule, in die auch Ihr Kind geht,
- vor einem gemischten Publikum während einer Veranstaltung auf dem Marktplatz.

Entwerfen Sie die entsprechenden Einleitungen für diese Reden. Wichtig ist:

- Die Leute sollen wissen, worum es geht.
- Sie sollen Ihnen interessiert zuhören (auch wenn sie anderer Meinung sind).
- Sie sollen von Ihrer Kompetenz und Ernsthaftigkeit überzeugt sein.

Andere Vorschläge:

Sich (k)ein Sparkonto anlegen!

- vor Rentnern,
- vor Jugendlichen,
- vor jungen Eltern.

(Nicht) zur Wahl gehen!

- vor gerade wahlberechtigten Jugendlichen,
- vor Rentnern in einem Seniorenheim,
- in Ihrem Verein.

Geben Sie sich selbst eine Rolle, in der Sie diese Reden halten.

Rhetorische Erkenntnisse
Mit Ihrer Einleitung sollten Sie Ihre Zuhörer da „abholen", wo sie gerade sind, das heißt: Sie müssen von deren Wissensstand, ihren Einstellungen und Interessen ausgehen. Die klassische Rhetorik nennt drei Ziele der Einleitung:

- **attentum parare:** Die Zuhörer sollten aufmerksam gemacht werden und gespannt sein auf das, was Sie ihnen sagen wollen, auch wenn sie grundsätzlich anderer Meinung sind, oder wenn das Thema sie im Moment nicht berührt. Sie sollten erkennen, dass es sie doch „betrifft".
- **docilem parare:** Die Zuhörer sollen wissen, worum es geht, ohne dass Sie ihnen schon am Anfang Ihren Zwecksatz mitteilen,

- **captatio benevolentiae:** Die Zuhörer sollen Sie als kompetente und aufrichtige Persönlichkeit akzeptieren.

Die Erzählung und die Argumentation

Zu diesen beiden Redeteilen finden Sie ausführliche Übungen in den Bausteinen 4, 5, 6 und 12.

Erfindermesse

TIPP

In Rhetorikseminaren, in denen es um die freie Rede geht, gibt es das Problem der Redevorbereitung. Sie nimmt viel Zeit in Anspruch. Viele Seminarleiter lassen ihre Teilnehmer deshalb die Reden an den Abenden zwischen zwei Seminartagen vorbereiten. Harte Arbeit nach einem anstrengenden Seminartag. Wir haben versucht, Übungen zu finden, die keiner langen Vorbereitungszeit bedürfen.

Die Erfindermesse eignet sich gut zur Gruppenarbeit. Die Teilnehmer präsentieren auf dieser Erfindermesse ihre Erfindungen in der Hoffnung, Interessenten davon überzeugen zu können, dass es sich lohnt, ihre Erfindung zur Serienreife

Abb. 28: Frühstückshandy (Brackfastmobile)

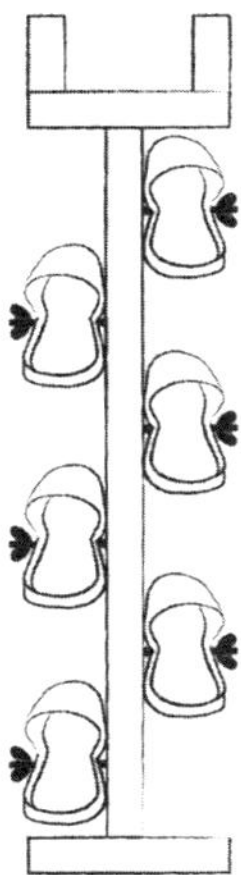

Abb. 29: Schlappenleiter (Slipperladder)

zu bringen und dann zu produzieren. Die Erfindungen werden den Zuhörern, also den potentiellen Interessenten, optisch präsentiert (über Power Point oder an der Pinnwand). Der Phantasie sind keine Grenzen gesetzt. Selbstverständlich kann auch ein anderer Teilnehmer nach dieser Rede spontan eine Gegenrede halten.

Wie das Einstiegsspiel in Baustein 18 (Sachrede) hat auch diese Übung den Vorteil, dass die Teilnehmer inhaltlich nichts falsch machen können. Dennoch können die Grundprinzipien der Meinungsrede angewendet werden, z. B. bei der Gliederung.

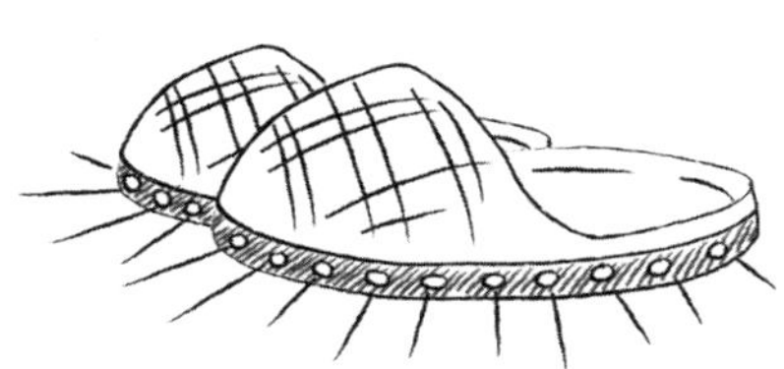

Abb. 30: Leuchtpuschen (illuminated slippers)

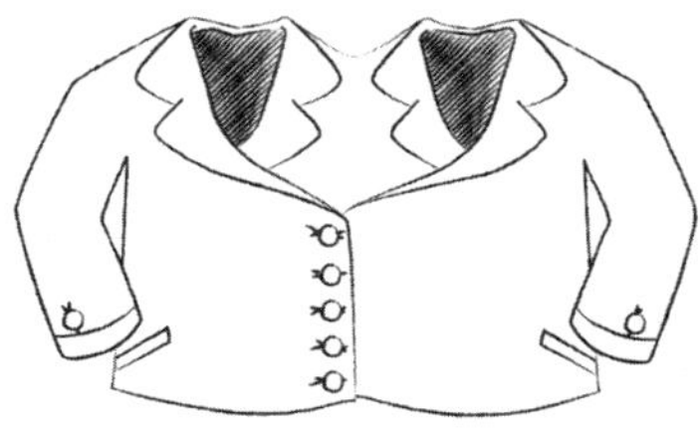

Abb. 31: Partnerjacke (Darlingjacket)

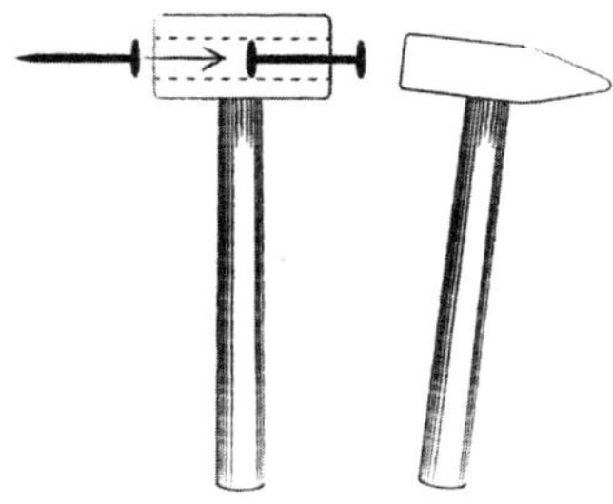

Abb. 32: Hämmerhammer (Safetyhammer)

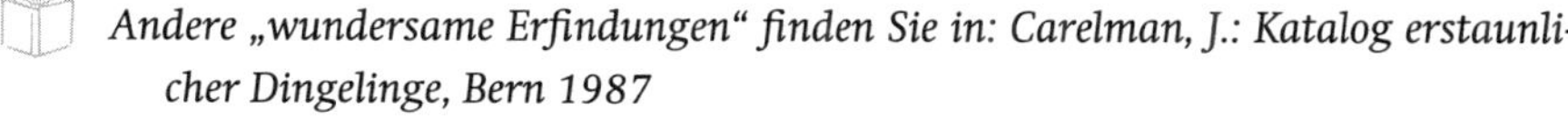

Andere „wundersame Erfindungen" finden Sie in: Carelman, J.: Katalog erstaunlicher Dingelinge, Bern 1987

Harte Nachricht

BEISPIEL

Alkopops: Süße Verführung

Alkopops sind fertige Mischungen aus Fruchtsäften oder Limonade mit Alkohol. Dieser Alkohol ist häufig ziemlich hochprozentig, z.B. Wodka oder Rum. Das geschmackliche Brennen wird überdeckt durch künstliche Aromen und durch den hohen Anteil an Zucker. Deshalb schmecken diese Alkopops fast wie herkömmliche Erfrischungsgetränke, und die Jugendlichen können kaum einschätzen, wieviel Alkohol sie mit einem solchen Drink zu sich nehmen.

Deshalb sind Alkopops keineswegs harmlose Partygetränke: In einer kleinen Flasche sind etwa zwei Gläser Schnaps.

Wie gesagt: Die Jugendlichen bemerken kaum, dass sie Alkohol trinken. Das ist das eine. Zum anderen: Dieser Alkohol wird auch noch besonders schnell vom Körper aufgenommen, und zwar durch den Zucker und die Kohlensäure. So kann in kürzester Zeit sehr viel mehr Alkohol in die Blutbahn gelangen, als der jugendliche Organismus verarbeiten kann. Schwere Alkoholvergiftungen mit bleibenden Organschäden bis hin zum Koma sind häufig die Folge.

Auch in Maßen genossen sind Alkopops gefährlich, vor allem, wenn die Jugendlichen sie regelmäßig trinken. Es kann dadurch rasch zu einer Gewöhnung an den Alkohol und zur Abhängigkeit kommen.

So begünstigt der Genuss von Alkopops den Einstieg in andere härtere Rauschmittel. Diese alkoholhaltigen Mixgetränke zählen bei Jugendlichen zu den häufigsten Einstiegsdrogen.

Machen Sie aus dieser „harten Nachricht“ eine Meinungsrede. Suchen Sie sich eine Redesituation, z. B.:

- als Lehrer vor Eltern,
- als Lehrer vor Schülern.

Aufgaben:

- Wählen Sie die **Inhalte** aus, die für diese Zielgruppe angemessen sind (inventio).
- Ordnen Sie diese Inhalte nach den Gliederungsprinzipien der Meinungsrede (dispositio).

- Formulieren Sie sprechsprachlich und suchen Sie wirkungsvolle Bilder und Beispiele (elocutio).
- Erarbeiten Sie ein Redemanuskript nach dem Prinzip „strukturiert aufschreiben“ (memoria).
- Tragen Sie die Rede im Plenum vor (actio).

Gemeinsame Redeplanung

Sie könnten in Kleingruppen gemeinsam eine solche Rede vorbereiten.

Zu einem strittigen Thema bilden sich eine Pro- und eine Kontra-Gruppe und bereiten sich in getrennten Räumen auf je eine Rede vor.

Schritt 1
Sie formulieren ihr Redeziel in Form eines Zwecksatzes.

Schritt 2
Sie sammeln die Hauptargumente für ihren Standpunkt. Jedes Hauptargument wird auf eine Karteikarte (DIN A5) geschrieben.

Zu jedem Argument suchen Sie Unterargumente zur Stützung und Absicherung (Belege, Beweise, Beispiele). Sie schreiben Argumente zu dem jeweiligen Hauptargument, ordnen sie diesem abgetreppt unter (Baustein 10):

Schritt 3
Nun werden die möglichen Argumente des Gegners gesammelt und auf jeweils eine Karte geschrieben.

Wie sind diese Argumente angreifbar? Die passenden Entkräftungen werden mit auf die entsprechende Karte geschrieben, abgetreppt untergeordnet.

Schritt 4
Die Argumentationskarten werden in eine Reihenfolge gebracht.

Der Vorteil der Karten-Methode ist, dass man die Karten auf dem Fußboden oder auf dem Tisch ausbreiten und hin und her schieben kann. Die Reihenfolge kann also immer wieder verändert werden. Zur Reihenfolge selbst:

1. Die möglichen Gegenargumente:
   - die am schwersten angreifbaren weglassen oder als erste bringen,
   - die am leichtesten angreifbaren am Schluss dieses Teils als Überleitung zur eigenen Stellungnahme.

2. Die eigenen Argumente:
   - das schwächste Argument als erstes,
   - das stärkste Argument als letztes. Grund: Steigerung.

Schritt 5
Nun wird eine mitreißende, auch für den Gegner nachvollziehbare Erzählung gesucht und stichwortartig auf einer gesonderten Karteikarte festgehalten.

Schritt 6
Die Einleitung: Wichtig ist dabei, dass die Gruppe, die anfängt, noch ins Thema einführen muss. Wer anfängt, wird ausgelost.

Auch die einzelnen Elemente der Einleitung (Selbstdarstellung, Aufmerksamkeit wecken, Hinführen aufs Thema) werden auf eine Karteikarte geschrieben.

Schritt 7
Nach dem Zuordnen auch dieser Karten liegt die ganze Fünfschrittrede in Form eines „Kärtchen-Baumes" auf der Erde oder auf dem Tisch. Wenn nötig, kann noch einmal verschoben werden.

Schritt 8
Die geordneten Karteikarten können nun gleich als Redemanuskript verwendet werden. Wichtig ist, dass die Stichwörter oder Sätze auf den Karten nach der Methode „strukturiert aufschreiben" angeordnet sind.

Zur Redesituation selbst:
Einer aus der Gruppe hält die Rede. Der zweite Redner hat das Problem, dass das, was er als mögliche Gegenargumente auf seinen Karten stehen hat, nun tatsächlich vorgetragen wird, oder dass ihn ganz neue Argumente unvorbereitet treffen. Er muss also eventuell im dritten Teil seiner Rede spontan reagieren. Er kann sich natürlich während der Rede seines Vorredners Stichworte machen.

> Diese gemeinsame Redevorbereitung kann selbstverständlich auch ein Übungsschritt im Plenum sein.

20. Baustein

Die Anlassrede

Zur Sache

Ziel der Anlassrede ist das Erzeugen von Gefühlen. Das Herzstück einer solchen Rede ist also die Erzählung. Der Aufbau einer Anlassrede könnte wie folgt aussehen:

1. Einleitung: Warum spreche ich?
2. Erzählung: Was war? Was ist?
   - Allgemeines
   - Details und Hintergründe
   - kausal verknüpft
   - oder chronologisch verknüpft
   - in einer oder zwei Anekdoten gebündelt.
3. Folgen als Details für die Zukunft.
4. Schluss.

Als Beispiel eine kurze Geburtstagsrede:

BEISPIEL

Einleitung
Lieber Jochen, lieber Freund,
sechzig Jahre wirst du alt, dreißig davon kenne ich dich.
Ein ausführliches Kapitel Leben haben wir gemeinsam geschrieben.

Überleitung
Kapitel ist ein brauchbares Stichwort.

Erzählung

Allgemein
Ich kenne dich eigentlich nur mit einem Buch in der Hand oder vor der Nase. Auch jetzt. Was sehe ich? Vor dir liegt aufgeschlagen der Menüplan.

Details und Hintergründe
Bücher Bücher Bücher. Deine Mutter hat mir erzählt: Du hast dich schon mit vier Jahren bei Spaziergängen durch die Straßenschilder buchsta-

biert und musstest vor jedem Geschäft stehen bleiben und wolltest entziffern, um was für ein Geschäft es sich handelt. Nur um ein Geschäft hättest du immer einen Bogen gemacht, erzählt deine Mutter: Die Rind- und Schweineschlachterei. Das „R“ sah in der antiquierten Schrift aus wie ein „K“. Natürlich greife ich zu kurz, wenn ich dein Leben auf Bücher und Lesen reduziere. Aber wenn wir zusammen waren, war immer auch ein Buch dabei, oder zwei oder drei.
Ich erinnere mich an eine Alpenwanderung. Wir hatten uns vorgenommen: Unsere Rucksäcke sollten maximal 15 Kilo wiegen. Einen zweiten Pullover und eine Ersatzhose? Brauch' ich nicht. Deine Utensilien zur Körperpflege? Zahnbürste reicht, brauch' ich Seife?
Warum? Es mussten drei Bücher dabei sein. Eigentlich toll. Ich brauchte keine mitzuschleppen. Du hattest ja reichlich. Und das Lesen konnte ich mir auch sparen. Du hast vorgelesen. Hinreißend vorgelesen.

Überleitung
Bücher Bücher Bücher.

Folgen und Detail für die Zukunft

Ich bin mir sicher: Solltest Du auf einer eurer Kreuzfahrten über Bord gehen, du wirst dich statt an einem Rettungsring an einem Buch über Wasser halten.
Mit Büchern im Schrank und unter dem Kopfkissen kannst du nicht untergehen, lieber Jochen!

Schluss
Deshalb mussten Ulrike und ich nicht lange über ein Geschenk für dich nachdenken: Ein Buch. Aber nicht irgendein Buch. Nein: Da wirst Du staunen, mein Lieber. Hier, pack' es aus!

Klar, diese kleine Geburtstagsrede ist ausschließlich auf das Geschenk ausgerichtet. Aber sie enthält alle Elemente, die eine Anlassrede braucht: eine klare Gliederung, gute Überleitungen von einem Redeteil in den nächsten, eine eingängige Erzählung, vor allem aber eine „zentrale Botschaft“ einen inhaltliche Kristallisationspunkt (das Buch), etwas, das immer wieder auftaucht, den roten Faden bilden kann, den Zuhörern im Gedächtnis bleibt. Eine solche „zentrale Botschaft“ kann sein:

- ein markantes Ereignis,
- ein Gedicht, ein Zitat,
- ein Foto, eine Gegenstand,
- eine persönliche / typische Eigenschaft, Vorliebe, ein Hobby,
  - das kann man direkt ansprechen,
  - oder man kann ein Bild kreieren, eine Veranschaulichung, eine Metapher.

Wenn Sie eine solche „zentrale Botschaft" für Ihre Anlassrede gefunden haben, ist die halbe Arbeit getan, dann ist das Weitere ein Kinderspiel.

Noch ein kleiner Ausschnitt aus einer Rede zur Verabschiedung des Geschäftsführers eines Baumarktes:

BEISPIEL

Als er kam,
im Oktober 1999,
da kam er gleich wie ein Wirbelsturm,
oder besser wie ein hochfrequenter (Akku-) Schrauber mit 2 800 U. / min.
Er packte sofort das Projekt PASS PRO auf die BAUMANN-Hebebühne,
hämmerte und schraubte wie besessen
mit seiner ausgefeilten Bohrtechnik,
mit seinem akribischen Verständnis für planvolles Verschweißen von Einzelteilen.
…
Was ich dabei bewundert habe?
Sein Akku wurde praktisch nie leer.
Gewiss:
Hin und wieder verwandelte er sich von einem Schrauber in einen Schlagbohrer mit hoher Nenndrehzahl
usw. …

Dieser kleine Redeausschnitt soll zeigen, wie ein solches Bild eine Anlassrede tragen kann. Die Aufmerksamkeit der Zuhörer ist gesichert, denn sie warten auf die nächste Anspielung und erfreuen sich daran.

Es gibt eine Fülle von Anlässen, an denen Reden gehalten werden: im Familienkreis, in der Firma, im Verein, in Institutionen, in kulturellen Einrichtungen. Wenn hier z. B. ein Autor bei einer Lesung vorgestellt wird oder eine Künstlerin auf einer Vernissage, beschränkt sich der Redner meistens auf eine Chronologie der Lebensdaten mit den herausragenden Stationen. Warum nicht auch hier einen inhaltlichen Kristallisationspunkt schaffen? Beim Autor könnte es ein Zitat aus seinem Werk sein, bei der Malerin ein Bild, ein spezielles Merkmal ihrer Bilder, um daraus diese Anlassrede zu entwickeln.

TIPP

Für Anlassreden Trainingsformen zu kreieren, ist schwierig. Rollenspiele („Stellen Sie sich vor, Sie sind Vorsitzender eines Gesangvereins ...") sind nur dann geeignet, wenn die Situation genau definiert ist und sich die Teilnehmer aus eigener Erfahrung in diese Situation hineindenken können. Eine Möglichkeit zeigen wir hier im zweiten Übungsvorschlag.

Trainingsformen

Eigene Ideen

Jeder von Ihnen ist schon einmal in die Situation gekommen, eine Anlassrede halten zu müssen: zum Geburtstag eines Verwandten, zur Hochzeit, auf einer Abiturfeier. Rufen Sie sich diese Situationen noch einmal ins Gedächtnis, und erarbeiten Sie dazu noch einmal eine Rede. Oder steht ein Ereignis bevor, auf dem Sie reden sollten oder reden könnten? Oder würden Sie gerne einmal in einer Ihnen bekannten Situation jemanden ehren? Es fallen Ihnen sicher Redesituationen ein.

Also: Erarbeiten Sie eine Anlassrede. Eine sehr gute Variante: Wählen Sie sich aus der Gruppe einen Berater.

Der Empfang, die Eröffnung, die Einweihung

Spielen Sie eine „Feier", z. B.

- die Eröffnung einer Ausstellung,
- die Einweihung einer Turnhalle,
- einen Empfang für ausländische Besucher Ihrer Stadt.

Damit das mehr Spaß macht, legen Sie vorher so genau wie möglich den Situationsrahmen fest.

TIPP

Der Übungsleiter könnte dieses „Planspiel“ mit einem ausführlichen Informationspapier vorbereiten, bei einer Vernissage z. B. mit einer Bilderfolge, bei der Eröffnung eines Gebäudes mit Fotos …

Jedenfalls sollte jeder über die gleichen Vorinformationen verfügen, damit nicht aneinander vorbeigeredet wird. Während der Feier (nicht mit Sekt geizen!) ergreifen unterschiedliche Verantwortungs- und Würdenträger das Wort. Achtung: Suchen Sie eine „zentrale Botschaft“. Denken Sie aber daran, dass Sie in Ihrer Rede eventuell auf den Vorredner eingehen müssen.

Rhetorische Erkenntnisse

Im Mittelpunkt der meisten Anlassreden steht zwar die Erzählung. Das hat das Vorurteil verfestigt, dass bei solchen Anlässen in erster Linie „Stimmung“ gemacht werden soll. Beim letzten Spiel haben Sie jedoch sicher gemerkt, dass dort auch Meinungsreden (zumindest argumentative Anteile) angebracht gewesen wären. Nicht immer ist bei Feierlichkeiten alles „Friede, Freude, Eierkuchen“. Auch eine Repräsentationsrede kann sich kritisch mit gerade dieser Situation und ihrer Vorgeschichte auseinandersetzen. Auch ein Referat (z. B. bei der Eröffnung einer Ausstellung) ist ein durchaus angemessener Beitrag für eine Feier.

Kapitel 4 | Etwas Theorie

Zunächst: Sie können mit diesem Buch auch arbeiten, ohne dass Sie diesen Abschnitt gelesen haben. Wir wollten ein Buch zur Redelehre schreiben, ein praktisches Buch. Die Redetheorie, also eine grundlegende Systematik der Rhetorik, sollte sich aus den Erfahrungen mit den Redespielen und Redeübungen langsam, mosaikartig aufbauen.

Die Ausführungen „Zur Sache“ und die „Rhetorischen Erkenntnisse“ könnten zu einer soliden Grundlage zusammen wachsen, einer Grundlage, die es Ihnen möglich macht, in konkreten Situationen bewusster, geplanter, erfolgversprechender zu handeln.

Erfolg heißt in einer solchen Situation:

- dass man Ihnen zuhört,
- dass Sie Ihre immer schon bedenkenswerten Argumente endlich strukturiert und damit verständlich vorbringen können,
- dass Sie sich gegen die Profilierungsansprüche des Kollegen Schmidt-Dorenberg endlich einmal nachdrücklich zur Wehr setzen können.

Von Aristoteles, dem Vater der Rhetorik-Theorie, stammt die Erkenntnis: Jeder von uns handelt rhetorisch, seit er mit anderen sprechen kann. Das heißt: Er verwendet bestimmte Strategien, wenn er bestimmte Wirkungen erzielen will. Er hat diese Strategien im Umgang mit anderen gelernt und verinnerlicht. Nur ist das Repertoire, das ihm zur Verfügung steht, häufig nicht sehr groß, und die Wahl in einer konkreten Situation geschieht meist unreflektiert, intuitiv. Im Vorteil ist ohne Zweifel der, der bewusst über ein umfangreiches Repertoire an Wahlmöglichkeiten verfügt, die er dann planmäßig, je nach Situation, einsetzen kann. Sei es, dass er andere von der Richtigkeit seiner Meinung überzeugen will. Sei es, dass er die Beeinflussungsversuche anderer durchschauen und sich gegen sie zur Wehr setzen will.

Rhetorik ist der Wissenschaftsbereich, der untersucht, welche sprachlichen und sprecherischen **Strategien** geeignet sind, **in bestimmten Situationen** die **beabsichtigte Wirkung** zu erzielen. Rhetorik systematisiert diese Strategien, macht sie lehrbar und lernbar. Die drei Grundelemente der Rhetorik sind also

- die Situation,
- die beabsichtigte Wirkung,
- die geeigneten Strategien.

Die Situation

Gespräch und Rede

Die beiden rhetorischen Grundsituationen sind Gespräch und Rede. Gespräche bezeichnen wir als Situationen wechselseitiger Kommunikation (Beispiele: Interview, Diskussion, Beratung, Prüfung, Verhandlung usw.). Die Beteiligten sprechen miteinander. Sprecher- und Hörerrolle sind prinzipiell austauschbar.

Auch in diesem Buch können Sie etwas zum Führen von Gesprächen lernen, z. B. in den Bausteinen 2 bis 6. In erster Linie aber beschäftigen wir uns hier mit der Rede. Rede bezeichnen wir als Situation einseitiger Kommunikation:

1. Jemand spricht vor anderen und zu anderen. Er exponiert sich also (meist auch sichtbar) gegenüber einer Gruppe von Zuhörern.
2. Er stellt einen Sachverhalt im Zusammenhang dar.
3. Die Rollenverteilung Redner – Zuhörer wird von den Beteiligten vorher akzeptiert. Das heißt: Der Zuhörer ordnet sich dem Redner unter, freiwillig oder gezwungenermaßen. Also:
   - Der Zuhörer akzeptiert bestimmte Kommunikationsregeln (z.B. das Rederecht).
   - Er erkennt dem Sprecher soziale oder fachliche Kompetenz (Autorität) zu.
   - Oder er unterwirft sich einem politischen oder sozialen Herrschaftsanspruch.
4. Äußerungen aus dem Publikum (Zwischenrufe, Nachfragen) werden als Besonderheiten gewertet. Der Redner entscheidet im Allgemeinen, ob er sie zulassen will.

Redesituationen sind also immer asymmetrisch. Der Redner ist in der Machtposition.

Rede in der Demokratie

Gewiss ist hier Ihre Frage berechtigt, ob Rede ein geeignetes demokratisches Mittel zur Meinungsbildung ist. Die Geschichte hat uns gelehrt, wie gewissenlos Redner die Unwissenheit, die Autoritätsgläubigkeit, die Ängste und Hoffnungen ihrer Zuhörer missbraucht haben, wie sie Massen hinter sich gebracht haben, die die Inhalte der Rede nicht in Frage stellen konnten oder wollten, die

die Beeinflussungsmittel nicht durchschauen und die Folgen ihrer Zustimmung nicht absehen konnten.

Gewiss, die Redesituation erschwert die unmittelbare Nachfrage, den spontanen Widerspruch. Sie gibt dem Redner die Möglichkeit, ungehindert Einfluss auszuüben. Aber auch in Dialogsituationen, in Verhandlungen, Diskussionen, Debatten erleben Sie es immer wieder: Der setzt sich durch, der sozial stärker ist, der über die notwendigen Kenntnisse verfügt, der die Situation und damit sein Gegenüber richtig einschätzen kann, der über ein Repertoire rhetorischer Fähigkeiten verfügt.

Nun sind rhetorische Fähigkeiten nicht nur Fähigkeiten zum Reden. Sie sind auch Fähigkeiten zur kritischen Kontrolle gegenüber Reden und Rednern. Vor einer kritischen Zuhörerschaft ist der Redner gezwungen zu argumentieren, mit der Plausibilität seiner Argumentationen um Zustimmung zu werben. Das schließt natürlich emotionale Anteile nicht aus. Jemanden in seiner festgefügten Meinung zu verunsichern, zum Nachdenken zu motivieren, aus der Unentschlossenheit wachzurütteln, zur Stellungnahme herauszufordern, ist nicht nur durch Anregung des Verstandes möglich.

Wäre es wünschenswert, dass alle Prozesse der Meinungsbildung in unserer Gesellschaft in Form von Gesprächen vor sich gingen? Vielleicht. Fest steht aber: Dieser Wunsch wäre unrealistisch. Die äußeren Bedingungen lassen häufig nur Formen einseitiger Kommunikation (also Reden) zu. Diese äußeren Bedingungen sind:

Die Gruppengröße

Nicht nur auf „Massenkundgebungen" ist wechselseitige Kommunikation unmöglich. Auch Diskussionen, Debatten, Verhandlungen in großen Gruppen (z. B. im Stadtrat, in der Vereinsversammlung) bestehen notwendigerweise meist aus einer Abfolge von Reden. Zwar gibt die Rednerliste jedem Teilnehmer die Chance, sich zu äußern. Sie verhindert jedoch meist einen spontanen Meinungsaustausch.

Das Informationsgefälle

Häufig müssen Sie auch in einer kleinen Gruppe etwas „im Zusammenhang darstellen", um den anderen die Kenntnisse zu vermitteln, die für eine Diskussion notwendig sind. Oft verhindert ein solches Informationsgefälle zwischen Sprecher und Hörern die aktive Beteiligung von vornherein.

Die Veröffentlichungsmedien

Meinungsäußerungen in Rundfunk und Fernsehen (Kommentare, Ansprachen) schließen jede Möglichkeit aus, sich unmittelbar einzumischen.

Wenn Rede ein Mittel zur demokratischen Entscheidungsfindung sein soll und nicht Herrschaftsmittel, muss Folgendes gelten: Die Rede muss kontrollierbar sein.

Voraussetzung ist Sachwissen, aber auch das Wissen um die rhetorischen Besonderheiten der Kommunikationsform „Rede“, also die Fähigkeit zur kritischen Analyse.

- Rede muss beantwortbar sein:
  - durch Überführung in ein Gespräch,
  - durch Gegenrede.

Das setzt allerdings voraus, dass Sie selbst reden können und wollen. Das setzt aber auch voraus, dass die Zuhörer frei sind in ihren Entscheidungen für oder gegen den Redner und seine Ziele.

Die Bedingungen der Situation

Im Praxisteil beschäftigt sich Baustein 2 mit den Bedingungen der Sprechsituation. Und in einer ganzen Reihe anderer Bausteine haben wir immer wieder Übungen vorgeschlagen, in denen Sie lernen, wie wichtig es ist, vor einer Rede die Bedingungen der konkreten Situation einzuschätzen. Also:

WER spricht hier zu WEM?
WARUM? (aus welchem Anlass?)
WOZU? (mit welchem Ziel?)
WORÜBER?
WANN? WO? (in welchem äußeren Rahmen?)

Erst nach dieser Analyse fragt sich der Redner: WAS sage ich WIE, damit ich Chancen habe, die beabsichtigte Wirkung zu erzielen?

Die beabsichtigte Wirkung

Das, was Sie als Redner sagen, und die Art, wie Sie es präsentieren, sollten Sie nach zwei Grundprinzipien entwickeln:

1. nach dem Prinzip der Verständlichkeit,
2. nach dem Prinzip der Wirksamkeit.

Das Prinzip der **Verständlichkeit** bedarf keiner detaillierten Erläuterung. Wenn Sie wollen, dass Ihre Zuhörer Sie verstehen, müssen Sie deren Wissensstand kalkulieren, aber auch deren sprachliche Voraussetzungen, die äußeren Bedingungen (großer Raum?), überhaupt die grundsätzlichen Schwierigkeiten eines Hörers, in einer bestimmten Zeit eine bestimmte Menge an Information zu verarbeiten.

Die Frage nach der **Wirksamkeit** ist erheblich komplizierter zu beantworten. In der klassischen Rhetorik sprach man von drei Wirkungsmitteln:

1. kognitive Mittel (die Argumentation: die Rechtfertigung von Behauptungen, Handlungen oder Handlungsplänen durch Angabe plausibler Begründungen). Wirkungsziel: Mitdenken
2. emotionale Mittel (die Darstellung und Herstellung von Gefühlen). Wirkungsziel: Mitfühlen, Miterleben.
3. Mittel der Selbstdarstellung (die Darstellung der eigenen Person). Wirkungsziel: die Identifikation des Hörers mit der Person des Redners, sowohl kognitiv als auch emotional.

Aber was wirkt nun eigentlich in einer Rede? Wirksam ist, was Aufmerksamkeit weckt. Sie kennen das aus Ihrem Alltag: ein Gesicht in der Menge, ein merkwürdiges Geräusch, ein ungewöhnlicher Geruch, kurz: „etwas macht Sie an".

Aufmerksamkeit wecken heißt für Sie als Redner zunächst also nur:

- überraschen,
- Spannung erzeugen,
- Zuhörbereitschaft, Reaktionsbereitschaft herstellen.

Wirkung ist das, was dieser Moment des (vielleicht überrascht) Hinhörens im Hörer auslöst. Das kann sein:

1. Zustimmung, Identifikation, Begeisterung

Das geschieht vor allem dann, wenn Sie als Redner Erfahrungen oder Gefühlswerte Ihrer Zuhörer bestätigen, eventuell deren bisherige Handlungen rechtfertigen.

Das geschieht, wenn Sie die (eventuell geheimen) Pläne oder Wünsche ihrer Zuhörer treffen, unterstützen, wenn Sie ihnen zeigen, wie sie diese Pläne und Wünsche verwirklichen könnten.

Zustimmung erreichen Sie vor allem dann, wenn Sie eine bereits (eventuell unterbewusst) bestehende Übereinstimmung wecken oder bestätigen. („Das hätte von mir sein können. Aber so treffend hätte ich es kaum sagen können".)

2. Ablehnung, Abgrenzung, Zorn

Das geschieht, wenn Sie Gefühlswerte und Denkmuster Ihrer Zuhörer infrage stellen oder gar angreifen, wenn Sie die Pläne und Wünsche der Zuhörer ignorieren oder gar abwerten. Das geschieht, wenn Ihre Zuhörer schon vorher einen festen Standpunkt hatten.

Das geschieht vor allem dann, wenn dieser Standpunkt stark gefühlsmäßig untermauert ist und wenn er von einer ganzen Gruppe vertreten wird. Dann reizen einzelne Elemente oder die ganze Rede zur massiven Abgrenzung, sie liefern Ihren Gegnern mit Ihrer Rede zusätzliche Gründe für deren Ablehnung.

3. Verunsicherung

Sie macht nachdenklich, weckt Hoffnungen oder schürt Ängste und führt schließlich zur Zustimmung oder Ablehnung.

Verunsicherung entsteht vor allem dann, wenn für Ihre Zuhörer das, was Sie sagen, neu ist, wenn sie noch keine gefestigte Meinung haben, wenn ihr Wissen nur an Fakten gebunden ist, und Sie Ihnen nachweisen können, dass diese Fakten so nicht stimmen.

Die geeigneten Strategien

Die Rhetorik entwickelt Ihre Redestrategien nach den Prinzipien „Verständlichkeit“ und „Wirksamkeit“ und mit Hilfe der drei grundsätzlichen Wirkungsmittel „Gefühle“, „Argumentationen“, „Selbstdarstellung“.

Sie entwickelt diese Redestrategien für die fünf Schritte der Redeplanung, die wir Ihnen in Baustein 7 ausführlich dargestellt haben:

- Schritt 1: Die Auswahl der Inhalte (inventio)
- Schritt 2: Die Gliederung der Rede (dispositio)
- Schritt 3: Der Sprachstil (elocutio)
- Schritt 4: Die Präsentation der Rede (actio)
- Schritt 5: Das Redemanuskript (memoria).

Diese einzelnen Schritte sind eng aufeinander bezogen. Wir haben in den Bausteinen 18, 19 und 20 gezeigt, dass die Suche der Inhalte meist bereits nach einem bestimmten Gliederungsmuster geschieht. Und die Platzierung eines bestimmten Inhalts beeinflusst die Wahl der sprachlichen Mittel.

Diese Fragen nach den geeigneten Strategien sollten Sie für jeden Teil Ihrer geplanten Rede stellen:

- für den Zwecksatz,
- für die einzelnen Redeteile, also für
  - die Einleitung,
  - die Erzählung,
  - den Argumentationsteil,
  - den Schluss.

Was sage ich in diesem Teil? Wie baue ich ihn auf? Mit welchen sprachlichen Mitteln sage ich es? Wie präsentiere ich diesen Redeabschnitt meinen Zuhörern?

Der Begriff „rhetorisch“

Die Rhetorik systematisiert also solche Redestrategien und macht sie Ihnen als Redner verfügbar. Wir als Rhetoriker entwerfen damit gewissermaßen eine „Grammatik“ des erfolgversprechenden Redens. Mit diesem Buch liegt ein Teil einer solchen Grammatik vor Ihnen.

Wenn die Rhetorik eine solche Redegrammatik bereitstellt, dann schafft sie damit Kriterien zur Beobachtung und Bewertung von Reden in ganz bestimmten Redesituationen.

Sie macht es möglich zu sagen: „Das ist rhetorisch (also bezogen auf die Rhetorik) angemessen Deshalb konnten Sie in dieser konkreten Situation Erfolg haben“. Oder umgekehrt: „Das war oder ist rhetorisch nicht angemessen, deshalb kam Ihre Rede in dieser Situation nicht an.“

„Rhetorisch“ ist also wie „grammatisch“ ein Sprachverwendungsprinzip.

Erfolg

Wenn Sie trotz eifrigen Studiums der Rhetorik nicht sofort alle Menschen mit Ihren Redebeiträgen für sich gewinnen, liegt das nicht an der Rhetorik und oft auch nicht an Ihnen. Wenn ein Rhetoriklehrer Ihnen einreden will, dass Sie nach dem Besuch eines seiner Kurse jede Redesituation mit Erfolg meistern werden, weckt das Hoffnungen, die sich nur selten erfüllen werden.

Gewiss, Ihre rhetorischen Fähigkeiten sind eine notwendige Bedingung dafür, dass Sie in Redesituationen erfolgreich sein können. Eine hinreichende Bedingung sind diese Fähigkeiten nicht.

Dass Sie Ihre Meinung, Ihre Handlungspläne auch durchsetzen können, setzt Folgendes voraus: Der andere muss bereit sein, sich Ihrem Beeinflussungsversuch auszusetzen, sich mit Ihrer Meinungsäußerung zu beschäftigen, seine eigene Meinung infrage zu stellen und sich gegebenenfalls dem Zwang der besseren Argumente zu beugen.

In konkreten Situationen gibt der sozial Stärkere dem Schwächeren doch häufig gar nicht die Chance, seine Meinung zu äußern oder sie gar argumentativ durchzusetzen.

Was nützen Ihnen also Ihre rhetorischen Fähigkeiten in Situationen, in den Sie faktisch unterlegen sind?

Gewiss, Sie können die Beeinflussungsversuche, die Machtmittel des anderen durchschauen. Zur konkreten Herrschaftsabwehr fehlen Ihnen jedoch die Voraussetzungen.

Ohne Zweifel: Die Chance, verbal Einfluss zu nehmen, setzt voraus, dass die Machtmittel relativ ausgewogen sind.

Häufig können Sie als sozial Schwächerer diese Mittel nur gewinnen, wenn Sie die (psychischen oder ökonomischen) Schwächen Ihres Gegners kennen. Eine andere äußerst erfolgversprechende Möglichkeit: Sie solidarisieren sich mit anderen! Aber auch dazu brauchen Sie Überzeugungskraft, dazu brauchen Sie die Rhetorik.

Und Sie brauchen sie auch, wenn Sie dann als Vertreter einer solchen Gruppe den Herrschenden gegenübertreten und Ihre Forderungen begründen müssen.

Lernziel Mündigkeit

Seit ihren Anfängen hat man der Rhetorik vorgeworfen, sie lehre Überredungstechniken, stelle also Mittel bereit, mit denen Menschen mit Hilfe von Sprache beeinflusst werden können, oft gegen ihren Willen. Gewiss, aber indem die Rhetorik diese Mittel darstellt, macht sie sie „durchsichtig", schafft sie (kognitive) Distanz, also die Möglichkeit, Beeinflussungsversuche zu durchschauen und sich gegen sie zur Wehr zu setzen.

Man hat der Rhetorik auch vorgeworfen, sie diene zwar denen, die Humanität fördern wollen, aber viel mehr noch denen, die eigennützig Herrschaft etablieren möchten. Verstärkt wird dieser Vorwurf durch eine Tatsache, die kaum zu bestreiten ist: Der ohnehin Stärkere in unserer Gesellschaft hat viel leichter Zugang zu den Kenntnissen und Fertigkeiten, die die Rhetorik vermittelt und kann sich so ein zusätzliches Machtpotenzial schaffen.

Dieser Vorwurf trifft nicht die Rhetorik, er trifft uns oder Sie, wenn Sie Rhetorik lehren, und er stellt eine massive Herausforderung dar.

Wer z. B. in der Schule Rhetorik lehrt, hat die Chance, sehr vielen ein Handwerkzeug zu vermitteln, das ihnen die Möglichkeit eröffnet, durch Mündlichkeit mündig zu werden.

Literatur

Allhoff, D. W., Allhoff, W. (2006): Rhetorik & Kommunikation: Ein Lehr- und Übungsbuch. 15. Aufl. Ernst Reinhardt, München / Basel

Beushausen, U. (2014): Sicher und frei reden. Sprechängste erfolgreich abbauen – Trainingsprogramm mit 6 Bausteinen. 3. Aufl. Ernst Reinhardt, München / Basel

Cohn, R. (2013): Von der Psychoanalyse zur Themenzentrierten Interaktion. 17. Aufl. Klett-Cotta, Stuttgart

Deppermann, A., Hartung, M. (Hrsg.) (2006): Argumentieren in Gesprächen. Stauffenberg, Tübingen

Festinger, L. (1957): A Theory of Cognitive Dissonance. Stanford University Press, Evanston

Geissner, H. (1981): Rhetorik und politische Bildung. Scriptor, Königstein

Geissner, H. (1982): Sprecherziehung. Scriptor, Königstein

Häusel, H.-G. (Hrsg.) (2014): Neuromarketing. 3. Aufl. Haufe, Freiburg

Häusel, H.-G. (2007): Neuromarketing mit Limbic ®. Innovation Management September – November 2007 (3)

Heilmann, Ch. M. (2011): Körpersprache richtig verstehen und einsetzen. 2. Durchges. Aufl. Ernst Reinhardt, München / Basel

Kopperschmidt, J. (2005): Argumentationstheorie zur Einführung. 2. Aufl. Junius, Hamburg

Pawlowski, K. (2005): Konstruktiv Gespräche führen. 4. Aufl. Ernst Reinhardt, München / Basel

Pawlowski, K. (2004): Grundlagen der Hörfunkmoderation. Lit, Münster

Pawlowski, K., Riebensahm, H. (2000): Suggestion. Rowohlt, Reinbek

Schuh, H., Watzke, W. (1994): Erfolgreich reden und argumentieren. Hueber-Holzmann, München

Schulz von Thun, F. (1996): Miteinander reden. Bd. 1. Rowohlt, Reinbek

Toulmin, S. (1975): Der Gebrauch von Argumenten. Scriptor, Kronberg

Ueding, G., Steinbrink, B. (2011): Grundriss der Rhetorik. 5. Aufl. Metzler, Stuttgart / Weimar

Völzing, P.-L. (1975): Begründen, Erklären, Argumentieren. Quelle & Meyer, Heidelberg

Bildnachweis

Abb. 1: © digitalefotografien – Fotolia.com

Abb. 2: Klaus Pawlowski (privat)

Abb. 3: © Jeanette Dietl – Fotolia.com

Abb. 4: © Kim Schneider – Fotolia.com

Abb. 5: © Garrincha – Fotolia.com

Abb. 6: © olly – Fotolia.com; © tunedin – Fotolia.com

Abb. 7: © Nds. Landesbetrieb für Wasserwirtschaft, Küsten- und Naturschutz (NLWKN) auf topografischer Grundlage des LGN

Abb. 8: © taa22 – Fotolia.com

Abb. 9: Ralf Kresin

Abb. 10: © Krawczyk-Foto – Fotolia.com; © mertcan – Fotolia.com; © 2xSamara.com – Fotolia.com; © Laurent Hamels – Fotolia.com; © Vladimir Voronin – Fotolia.com; © sebastien_gerard – Fotolia.com

Abb. 11: © Kim Schneider – Fotolia.com

Abb. 12: Gabi Müller (privat)

Abb. 13: © kmiragaya – Fotolia.com

Abb. 14: © lassedesignen – Fotolia.com

Abb. 15: Peter Pawlowski (privat)

Abb. 16: © kreativloft GmbH – Fotolia.com

Abb. 17: © kreativloft GmbH – Fotolia.com

Abb. 18: © stockyimages – Fotolia.com

Abb. 19–22: MAD, Ausgabe 99. Copyright DC Comics

Abb. 23: © Joshua Resnick – Fotolia.com

Abb. 24: © Sergii Figurnyi – Fotolia.com

Abb. 25: © K.-P. Adler – Fotolia.com

Abb. 26: © doble.d –Fotolia.com

Abb. 27: © apops – Fotolia.com

Abb. 28–32: Ralf Kresin

Leseprobe aus

Ulla Beushausen: Sicher und frei reden

Vorwort

Wer kennt es nicht, das Herzklopfen vor dem ersten Satz? Der eine wird erst bei 100 Zuhörern nervös, beim anderen genügt es schon, wenn der Chef ihn sprechen möchte. Die meisten Menschen haben Probleme, in der Öffentlichkeit angstfrei zu reden. Diese Aufregung führt zu den bekannten körperlichen Reaktionen: Die Stimme wird hoch und zittrig, die Atmung schneller und flacher, manch einer beginnt zu schwitzen oder zu zittern, verliert den Faden oder verspricht sich häufig. Dauert dieser unangenehme Zustand an, beginnen die Gedanken um die Angst zu kreisen anstatt sich auf den Inhalt zu konzentrieren. Vermeidungsverhalten setzt ein und schließlich nimmt die Fähigkeit, sich gut auszudrücken durch fehlende Routine mit der Zeit ab.

Sprechen, das heißt: sich zu informieren, miteinander zu reden und sich mitzuteilen. Dies sind wesentliche Vorgänge im zwischenmenschlichen Kontakt. Wer Kritik, seine Einstellungen und Gedanken nicht äußert, Gespräche vermeidet, in den alltäglichen Sprechsituationen nicht mithält, wird von seiner Umwelt nicht verstanden, setzt sich nicht durch und wird schließlich falsch beurteilt. In Beruf und Bildung werden die persönlichen Fähigkeiten auch an der sprachlichen Mitteilung gemessen. Eine Rede oder ein Referat, die bzw. das trotz guter Vorbereitung nicht den eigenen Fähigkeiten entsprechend präsentiert wird, wirken wenig überzeugend. Denn: Richtiges setzt sich in der Welt nicht allein deshalb durch, weil es richtig

ERV reinhardt
www.reinhardt-verlag.de

ist, es muss unseren Mitmenschen auch richtig erklärt werden.
Als sehr wirksam gegen Sprechängste hat sich das Training Sicher Reden erwiesen. Es ist in langjähriger Erfahrung im Umgang mit Sprechangst entstanden und in einer Studie wissenschaftlich überprüft worden (Beushausen 1996). Ein solches Training bietet die Gelegenheit, die eigenen Sprechgewohnheiten zu verbessern, eine effektive Stressbewältigung für den Alltag zu entwickeln und wichtige Sprechsituationen sicher zu meistern. Dass es sich dabei nicht um kurzfristige Erfolge handelt, zeigten Untersuchungen nach sechs Wochen und einem Jahr: Sprechangst scheint verlernbar zu sein. Häufige Problembeschreibungen, die bei meinen Teilnehmern zum Besuch eines Seminars führen, sind das Unvermögen,

- im Schul-, Uni- oder Arbeitsbereich Fragen zu stellen oder zu beantworten,
- Smalltalk zu machen oder soziale Konversationen zu führen,
- an Gruppenaktivitäten teilzunehmen,
- sich mit Autoritätspersonen zu unterhalten,
- einen zusammenhängenden Vortrag in der Öffentlichkeit zu halten,
- sich seinen Fähigkeiten entsprechend zu präsentieren.

Durch Training zum Erfolg: Bevor Sie weiterlesen, sollten Sie wissen, dass Sie mit dem Problem Sprechangst nicht allein dastehen. Die Zahl der Anmeldungen zu den Seminaren übersteigt bei weitem das Angebot an freien Plätzen. Das Phänomen betrifft Frauen und Männer gleichermaßen und zieht sich durch alle Berufsgruppen: von Auszubildenden und Studierenden über Führungskräfte

des oberen Managements bis hin zu Berufssprechern aus Funk und Fernsehen.
Für alle diejenigen, die eine Anleitung zur Selbsthilfe suchen, sich auf ein Gruppenseminar vorbereiten oder danach aktiv weiterarbeiten wollen, ist dieses Buch gedacht. Was Sie zum Training mitbringen müssen? Dasselbe, was sie zum Erlernen jeder neuen Sportart benötigen:

- Veränderungswillen und
- Ausdauer, regelmäßig zu trainieren.

Aber im Unterschied zu manchen Sportarten, für die ein gewisses Talent erforderlich ist, kann jeder lernen, sicherer zu reden.